ESSEN SIE SICH GESUND

Jean Pütz · Sabine Fricke

Essen Sie sich gesund

Wenn der Körper nicht im Gleichgewicht ist

vgs

Die Deutsche Bibliothek – CIP-Einheitsaufnahme

Hobbythek / ARD, WDR. – Köln : vgs.
Früher u.d.T.: Das Hobbythek-Buch
NE: Westdeutscher Rundfunk <Köln>
Pütz, Jean:
Essen Sie sich gesund : wenn der Körper nicht im
Gleichgewicht ist / Jean Pütz/Sabine Fricke. – 1. Aufl. – Köln :
vgs, 1995
(Hobbythek)
ISBN 3-8025-6190-2
NE: Fricke, Sabine:

Bildquellen

S. 31: Pressedienst COS/MED, Haan
S. 76: WDR, Köln
S. 78 links: Institut für Lebensmitteltechnologie, Universität Bonn
S. 88: DER SPIEGEL 34, 1993
Alle übrigen Fotos: Cornelis Gollhardt, Stephan Wieland und Jörg Zaber, Düsseldorf

Grafiken: Designbureau Jochen Kremer/Gabi Mahler, Köln

2. Auflage 1995

Umschlaggestaltung: Papen Werbeagentur, Köln
Redaktion: Martina Weihe-Reckewitz
Produktion und Layout: Wolfgang Arntz
Gesamtherstellung: Universitätsdruckerei H. Stürtz AG, Würzburg
Gedruckt auf chlorfrei gebleichtem Papier
Printed in Germany
ISBN 3-8025-6190-2

INHALT

Liebe Leser,

dieses Buch widmen wir einerseits allen Menschen, die sich um den Fortbestand ihrer Gesundheit kümmern wollen. Andererseits ist es vor allen Dingen für diejenigen gedacht, die Probleme mit ihrer Gesundheit haben, aber nicht wissen, warum, oder denen vom Arzt eine mangelhafte Gesundheit bestätigt wurde, die aber dann mit einem Packen von guten Ratschlägen und Medikamenten nach Hause geschickt und allein gelassen wurden. Es ist eine Ergänzung und Fortsetzung unseres mittlerweile sehr erfolgreichen Buches „Richtige Ernährung in allen Lebenlagen".

In einer Zeit , wo die meisten Menschen in Mitteleuropa und USA im Überfluß schwelgen und ein alter Menschheitstraum, das Schlaraffenland, Wirklichkeit zu werden scheint, treten immer mehr die Nebenwirkungen und Risiken zutage. Das mag daran liegen, daß der Mensch für dieses Zeitalter noch nicht reif ist – eine begrenzte Selbstbeschränkung ist wohl schwieriger zu ertragen als der Mangel. Kein Wunder: Unsere Natur hat uns den dominierenden Instinkt „Bewältigung von Hungerkrisen" geschenkt. Nur mit dessen Hilfe konnte das Menschengeschlecht die Urzeit überleben. Für ein vernünftiges Umgehen mit dem Überangebot von irdischen Gütern konnte sie aber keine Hilfe geben, ein Leben in solch langwährendem Luxus ist in der Natur nicht vorgesehen.

So ist es leicht verständlich, daß etwa ein Drittel aller Erkrankungen heutzutage auf falsche oder Überernährung zurückzuführen sind. Hinzu kommen noch viele Gebrechen, die im Bewegungsmangel der heutigen Zeit ihre Hauptursache finden, denn wir lassen Maschinen für uns arbeiten, laufen, gehen usw.

Aber ganz hoffnungslos ist die Situation nicht, denn dem Menschen ist etwas mitgegeben worden, das keinem anderen Geschöpf zu eigen ist: die Erkenntnis. Wir verfügen über ein leistungsfähiges Gehirn und seine große Lernfähigkeit. Kurzum: Der Verstand muß uns helfen, die genetische Anpassung „Essen, was du kannst" zu korrigieren. Zum Verstand gehört, daß wir beispielsweise in der Lage sind, von gesicherten Erkenntnissen anderer, aber auch durch unsere persönliche Erfahrung zu lernen und zu profitieren. Dieses Buch soll diesen Prozeß erleichtern, aber nicht nur durch grundlegende Informationen, sondern auch durch konkrete Rezepte, die es Ihnen erleichtern, in unserem Überfluß einen gewissen heilsamen Mangel sozusagen spielend zu erzeugen. Sie werden merken, daß Sie deshalb nicht in das Gewand eines Asketen schlüpfen müssen, im Gegenteil: Die Lebensfreude kann dadurch erheblich gefördert werden.

Zum Schluß noch ein Hinweis in eigener Sache: Wie immer hat die Hobbythek auch Produkte initiiert, die es bisher noch nicht gab, die es aber eigentlich geben sollte. Dabei legen wir großen Wert darauf, nur Zutaten zu verwenden, die nach wissenschaftlichen Kriterien und bestem Wissen und Gewissen der Gesundheit dienen. Im Buch sind sie entsprechend gekennzeichnet und erklärt. Nehmen sie aber unsere Versicherung entgegen, daß wir Autoren an diesen Produkten keinen Pfennig verdienen und auch nicht mit den Firmen, die diese Produkte vertreiben, in irgendeiner Weise liiert sind. Jeder, der will, kann sie anbieten und kann sie auch so nennen. Er muß allerdings unsere Originalrezepte einhalten. Auf Wunsch sind wir jederzeit bereit, diese Rezepte offenzulegen, wenn das nicht schon im Buch geschehen ist.

Manchmal werden wir gefragt, warum wir eigentlich so dumm wären, nicht auch diese Einkommensquelle für uns zu erschließen. Unsere Antwort darauf: Wir sind Journalisten, wir wollen objektiv bleiben und Ihnen nicht irgendein Produkt „aufs Auge drücken".

Danken möchte ich vor allen Dingen meiner Kollegin Sabine Fricke, die mit außerordentlichem Fleiß und Kreativität die Hauptarbeit dieses Buches geleistet hat. Sie ist seit zehn Jahren regelmäßige Mitarbeiterin der Hobbythek. Auch sie sieht dieses Buch als eine Fortführung der Arbeit für die Fernsehsendungen, hier allerdings mit anderen Mitteln, mit Hilfe des geschriebenen Textes, der ja auch seine speziellen Reize bietet.

Ich wünsche Ihnen viel Spaß mit unserem Buch.

Ihr Jean Pütz

Richtige Ernährung für seelisches Wohlbefinden

Nachdem wir von der Hobbythek uns darauf geeinigt hatten, als Eingangsthema für dieses Buch die „Richtige Ernährung für seelisches Wohlbefinden“ zu behandeln, entwich uns ein langer und tiefer Seufzer – denn dieses Thema hat so unendlich viele Aspekte und Facetten, daß wir zunächst kaum wußten, wo wir beginnen sollten. Im Grunde spiegelt sich in der Ernährung die ganze Komplexizität unserer heutigen Probleme. Es beschleicht uns die Angst, daß der Apfel zuviel Pestizide enthält. Es plagen uns Gewissensbisse, weil es endlich an der Zeit ist, umzudenken, weil wir gesünder und umweltbewußter essen wollen, weil ab sofort Schluß sein sollte mit aus der Ferne importierten Produkten, weil Schluß sein sollte mit Krabben aus Dosen, Äpfeln aus aufgeschäumten Styroporschalen und mit Cola aus Plastikflaschen. Wir zweifeln, ob die Margarine trotz der vielen Zusatzstoffe besser ist als die Butter mit dem verrufenen Cholesterin und ob die Nahrungsmittel überhaupt noch das sind, was sie einmal waren. Wir kämpfen mit Schuldgefühlen bei jedem Biß in ein Stück Fleisch, das uns am Hunger in der Welt mitverantwortlich macht, weil wertvolles Sojaeiweiß für die Fleischproduktion verfüttert wurde und somit als Überlebensration vielen hungernden Menschen fehlt. Wir empfinden Scham, weil wir faul auf unserem Sofa sitzen und gemütlich Kaffee trinken, während die Kaffeeanbauer ausgebeutet werden und mit dem erwirtschafteten Geld bisweilen noch nicht einmal die entstandenen Kosten decken können. Wer sollte sich beim Blick auf Tasse und Teller da noch seelisch wohl fühlen können?

Aber es ist nicht so, daß die Ernährung nur indirekte Auswirkungen auf unser seelisches Wohlbefinden hat. Das war bereits in der Antike bekannt. Schon Pythagoras und die Pythagoreer beschäftigten sich intensiv mit der Beziehung zwischen psychischer Befindlichkeit und Ernährung. Sie waren der Meinung, daß alles, was wir zu uns nehmen, eine bestimmte Seelenverfassung verursacht.

Die moderne Wissenschaft hat mittlerweile mannigfaltige direkte Wechselwirkungen entdeckt. Besonders spannend sind die Beziehungen zwischen dem seelischen Wohlbefinden und den Botenstoffen in unserem Hirn, den sogenannten Neurotransmittern. Einer dieser Neurotransmitter heißt Serotonin. Serotonin sorgt in unserem Körper für Ausgeglichenheit und Ruhe. Fehlt er, so kann sich dies bisweilen mit depressiven Stimmungen bemerkbar machen. Vermutlich läßt sich die im Gehirn vorhandene Menge von Serotonin steuern, denn Serotonin selbst, aber auch seine Vorstufe, das Tryptophan, können mit der Nahrung aufgenommen werden. Da Serotonin auch für das Einschlafen mitverantwortlich ist, berichten wir hierüber im Kapitel „Richtige Ernährung für guten Schlaf“ ausführlich.

Einen ganz anderen Weg zum seelischen Wohlbefinden möchte Larry Christensen, Professor der Psychologie an der Texas A & M University, den Menschen weisen. Er rät in seinem Buch „The Food-Mood Connection“, Zucker und Kaffee bedingungslos vom Speiseplan zu streichen. Wir können uns zwar nicht vorstellen, daß dadurch wirklich das Wohlbefinden schlagartig zu verbessern ist, andererseits schadet es niemandem, es einmal zu versuchen.

Andere Autoren wittern in zahlreichen Lebensmitteln „Wohlfühldrogen“ – insbesondere in weihnachtlichen Gewürzen. Ob sie damit recht haben, können Sie in der nächsten Backsaison selbst ausprobieren. In unserem Hobbythek-Buch „Richtige Ernährung in allen Lebenslagen“ haben wir viele Rezepte für gemütliche Stunden zusammengestellt. Der Clou: Die von uns vorgestellten Gewürzmischungen enthalten so ziemlich alles, was Gewürze an „Wohlfühl-Stoffen“ angeblich bieten.

Wissenschaftler um den Gießener Professor Werner Kübler haben herausgefunden, daß eine unzureichende Versorgung mit Vitaminen psychische Verstimmungen mit sich bringen kann. Eine unzureichende Vitaminversorgung kann mit einem verminderten Wohlbefinden, einer erhöhten emotionalen Gereiztheit und einem gesteigerten Angstempfinden einhergehen. Zudem beobachteten die Wissenschaftler eine erhöhte Nervosität und Depressivität bei den mit Vitaminen unterversorgten Probanden. Gesichert werden konnten diese Aussagen für die Vitamine B_1, B_2, B_{12}, C, E und Folsäure.

Im Gegenzug konnten die Wissenschaftler feststellen, daß sich die seelische Verfassung der Patienten nachweislich besserte, wenn die Vitamine verabreicht wurden, an denen es den Versuchsteilnehmern zuvor mangelte. So sank bei Gabe des Vitamins Folsäure die emotionale Labilität; Aktivität und Konzentration nahmen zu, die Versuchsteilnehmer zeigten sich selbstsicherer und teilten sich der Umwelt stärker mit. Zudem besserte sich bei ausreichender Gabe des Vitamins Folsäure die Stimmung deutlich. Versuchsteilnehmer, die nach vorhergehendem Mangel ausreichend mit Vitamin C versorgt wurden, waren ebenfalls emotional weniger labil, ihre Depressivität nahm ab und die Nervosität ging zurück. Bei Gabe des Vitamins Thiamin (B_1) schließlich reagierten die Probanden mit erhöhter Geselligkeit und verminderter Empfindlichkeit.

Der Blick in ein Fachbuch zeigt darüber hinaus, welche Auswirkungen auf das Nervensystem bei einem Mangel verschiedener Vitamine zu erwarten sind: Ein Mangel von Vitamin B_1 hat eine erhöhte Reizbarkeit zur Folge, der Mangel von B_1 und B_6 Depressionen, der Mangel von B_6, B_{12} und Niacin schließlich nervöse Störungen. Die durch Niacinmangel ausgelösten nervösen Störungen können sich in Form von Schlaflosigkeit, Müdigkeit, Schwindel oder Kopfschmerz bemerkbar machen.

Kübler hat aber auch nachgewiesen, daß „eine über die normale Ernährung hinausgehende, zusätzliche Vitaminaufnahme zu keinen Verbesserungen der psychischen Befindlichkeit oder gar psychischer Leistungsparameter" führt. Mit anderen Worten – für unsere Seele gilt: Mehr hilft nicht mehr. Anders sieht die Sache für eine kleine Gruppe von Vitaminen aus, die in höheren als den bisher empfohlenen Mengen augenscheinlich bestimmten Erkrankungen, wie zum Beispiel Herzinfarkten, Schlaganfällen und sogar einzelnen Krebsformen, vorbeugen können. Hierzu zählen vor allem die antioxidativ wirksamen Vitamine C und E, das Provitamin Beta-Carotin wie auch die Folsäure. Näheres hierzu können Sie in unserem Hobbythekbuch „Richtige Ernährung in allen Lebenslagen" und im „Hobbythek-Diätbuch" nachlesen.

Neben den Vitaminen sind auch Mineralstoffe für unsere Seelenverfassung mitverantwortlich. Da wäre zunächst Eisen zu nennen. Besonders Frauen kennen das Gefühl allgemeiner Erschöpfung, die allzuoft durch Eisenmangel ausgelöst wird.

Aber auch Jod übernimmt zentrale Aufgaben in unserem Körper und wirkt sich direkt auf unser seelisches Wohlbefinden aus. Da Jodmangel ein ernstes Problem in unserer Gesellschaft darstellt, möchten wir an dieser Stelle etwas genauer darauf eingehen.

Macht Jodmangel krank?

100 000 Schilddrüsenoperationen werden bei uns jährlich durchgeführt; Operationen, die unnötig sind, da sie durch einen Jodmangel entstehen, der damit zu den häufigsten ernährungsbedingten Erkrankungen führt. Jeder zehnte Mensch weist eine spürbare Vergrößerung der Schilddrüse auf. Doch schon lange vorher kann Jodmangel zu Konzentrationsschwächen oder Verstopfung, bei Neugeborenen sogar zu Beeinträchtigungen der Gehirnreifung, des Gehörs und der psychomotorischen Entwicklung führen.

Jodmangel kostet unser Gesundheitswesen jährlich mindestens zwei Milliarden Mark und ist damit nicht zuletzt für die Kostenexplosion mitverantwortlich. Dabei geht es nur um winzige Mengen Jod, da jeder von uns nur 10 mg dieses Spurenelements, konzentriert in der Schilddrüse, in sich trägt.

Jodspeicher Schilddrüse

Die Schilddrüse produziert verschiedene Hormone, die für die Steuerung vielfältiger Stoffwechselvorgänge in unserem Körper von lebenswichtiger Bedeutung sind. Diese Schilddrüsenhormone heißen Tetrajodthyronin, auch Thyroxin oder, abgekürzt, T_4 genannt, und Trijodthyronin, auch als T_3 bezeichnet. Wie ihre Namen schon andeuten, enthalten sie Jod, im T_4 sind vier Jodatome, im T_3 drei vorhanden. Erhält die Schilddrüse nicht genügend Jod, so ist eine ausreichende Produktion der Schilddrüsenhormone nicht mehr gewährleistet. Die

Folge können vielfältige Erkrankungen sein, die mit den unterschiedlichsten und zum Teil entgegengesetzten Symptomen einhergehen.
Wie weitreichend der Einfluß der Schilddrüsenhormone und damit auch die Bedeutung des Jods in unserem Körper ist, wird angesichts ihrer vielfältigen Aufgaben deutlich: Schilddrüsenhormone regulieren die Körpertemperatur, den Wasserhaushalt, den Sauerstoffverbrauch und Funktionen des zentralen Nervensystems. Weil sie darüber hinaus aber auch in den Kohlenhydrat-, Fett- und Eiweißstoffwechsel eingreifen, haben sie gleichermaßen Einfluß auf das Wachstum und die körperliche Entwicklung. Nicht zuletzt wird unsere psychische Verfassung stark durch Schilddrüsenhormone beeinflußt.
Wegen ihrer geringen Größe ist die gesunde Schilddrüse normalerweise weder zu sehen noch zu tasten. Sie liegt vor dem Schildknorpel des Kehlkopfes. Beim gesunden Erwachsenen wiegt sie gerade einmal 20 g, also soviel wie 10 Pfennigstücke.

Jodbedarf

Der Mensch produziert nur 20 g Schilddrüsenhormone in seinem Leben, und für diese winzige Menge benötigt er entsprechend winzige Mengen Jod. Ein Erwachsener braucht rund 200 µg pro Tag. Im Durchschnitt nehmen wir in Deutschland aber nur rund 70 µg Jod pro Tag auf, ein durchschnittlicher Erwachsener weist also in der Regel einen Versorgungsmangel von rund 130 µg pro Tag auf. So winzig diese Menge ist, so groß ist aber der mögliche Schaden, wenn über einen längeren Zeitraum hinweg zuwenig Jod aufgenommen wird. Ein Indiz hierfür sind die bereits oben erwähnten 100 000 Schilddrüsenoperationen im Jahr, die im wahrsten Sinne des Wortes „überflüssig wie ein Kropf" sind. Diese und andere wichtige Schilddrüsenerkrankungen möchten wir Ihnen im folgenden kurz vorstellen.

Schilddrüsenerkrankungen

Kropf
Entstehung: Erhält die Schilddrüse chronisch zuwenig Jod, so reagiert sie zunächst mit einem Größenwachstum der Zellen, später zusätzlich mit einer Zellenvermehrung. Die Schilddrüse versucht sozusagen, ein Zuwenig an Jod durch ein Mehr an Schilddrüsengewebe und damit an besserer Schilddrüsenhormonausbeute wettzumachen. Betroffen davon sind mehr als 10 Prozent aller Deutschen.
Kennzeichen:
- Luftnot
- Heiserkeit
- Schluckbeschwerden
- Kloßgefühl im Hals
- Enge- und Würgegefühl.

Schilddrüsenüberfunktion
Entstehung: Wie eine Schilddrüsenüberfunktion oder, wissenschaftlich ausgedrückt, eine Hyperthyreose, entsteht, ist bis heute nicht genau nachgewiesen. Klar ist aber, daß durch permanenten Jodmangel die Schilddrüse zu einem ungeregelten Wachstum angeregt werden kann, was wiederum zum Entstehen von sogenanntem „autonomen Gewebe" in der

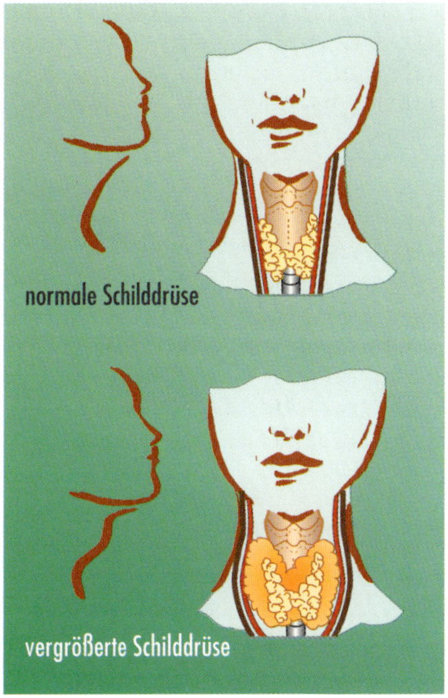

Abb. 1: Bei chronischem Jodmangel vergrößern und vermehren sich Zellen der Schilddrüse.

Drüse führen kann. Dieses autonome Gewebe gibt unabhängig von den fein abgestimmten Regelkreisen unseres Körpers willkürlich Schilddrüsenhormone an das Blut ab. Solche übersteigerten Ausschüttungen bezeichnet man als Schilddrüsenüberfunktion. Da Schilddrüsenhormone in unserem Körper, wie oben beschrieben, in nahezu alle Stoffwechselvorgänge eingreifen, kann die geradezu aufpeitschende Wirkung dieser Hormonüberproduktion kaum überraschen. Der Kölner Schilddrüsenspezialist Prof. Gynther Mödder hat die Situation der hiervon betroffenen Patienten folgendermaßen beschrieben: „Der Energiehaushalt des Körpers ist so überdreht, als drücke ein wahnsinniger Beifahrer das Gaspedal durch und zwinge den unglücklichen Fahrer des betreffenden Autos dazu, mit einem überhöhten Tempo von 200 Stundenkilometern über die Straßen zu jagen."

Kennzeichen:
- Zittern der Hände
- innere Unruhe
- gesteigerte Nervosität
- Aggressivität
- depressive Stimmungslagen
- Schlaflosigkeit
- Herzrasen
- Herzrhythmusstörungen
- Gewichtsverlust
- Durchfälle
- warme, feuchte Haut
- Wärmeunverträglichkeit (Schweißausbrüche, Schwitzen)
- Muskelschwäche, Kraftlosigkeit
- erhöhter Blutdruck.

Einen speziellen Fall der Schilddrüsenüberfunktion stellt die sogenannte **Basedow-Krankheit**, eine Störung des Immunsystems, dar; die Abwehrzellen des Körpers richten sich hierbei gegen die eigene Schilddrüse.

Schilddrüsenunterfunktion

Entstehung: In Deutschland leiden etwa 2,5 Millionen Menschen, also ca. 5 Prozent der Bevölkerung, an einer ausgeprägten Schilddrüsenunterfunktion, der Hypothyreose. Die meisten tun dies ohne zu klagen, denn diese Krankheit entwickelt sich über Jahre und Jahrzehnte hinweg, überwiegend auf der Basis einer vergrößerten, aber unbehandelten Schilddrüse. Ursache für eine Unterfunktion der Schilddrüse ist oftmals Jodmangel. Im Gegensatz zur Überfunktion treten sämtliche körperlichen und geistigen Reaktionen bei der Unterfunktion stark gebremst auf.

Kennzeichen:
- Lustlosigkeit
- Konzentrationsschwäche
- Gedächtnisschwäche
- Kälteempfindlichkeit
- spröde Haut, Haare, Nägel
- Verstopfung
- depressive Stimmungslagen.

Weitere Kennzeichen bei Kindern:
- Schulmüdigkeit
- Appetitmangel
- Bewegungsunlust.

Weitere Kennzeichen bei Säuglingen:
- welke Haut
- allgemeine Kraftlosigkeit
- häufige Schlafphasen
- später Verzögerung des Wachstums, der Knochen- und Zahnbildung
- wenig Bewegungslust.

Derartige Erkrankungen der Schilddrüse, darauf sei noch einmal deutlich verwiesen, sind zum größten Teil durch Jodmangel verursacht und deshalb vermeidbar. Um Erkrankungen der Schilddrüse vorzubeugen, ist es für Ihren Hausarzt ebenso wie für Sie selbst wichtig, Ihre Lebens- und Ernährungsgewohnheiten genau zu analysieren. Denn nur so erhalten Sie Aufschluß darüber, ob eine spezielle Gefahrensituation vorliegt und gezielte Vorbeugemaßnahmen erforderlich sind.

Unsere Tips lauten:
- Wenn Salz, dann Jodsalz!
- Dreimal in der Woche Seefisch essen!

Zusätzlich sollten Sie alle Möglichkeiten wahrnehmen, um zusätzliches Jod aufzunehmen, zum Beispiel über jodiertes Brot, über mit jodiertem Salz gewürzte Gerichte usw.

Multimineralpulver Super HT Plus Jod

Wir von der Hobbythek möchten uns aktiv an der Lösung der in Deutschland weit verbreiteten Jodunterversorung beteiligen. In Absprache mit dem Bundesgesundheitsamt haben wir deshalb ein Multimineralpulver entwickelt, das zusätzlich Jod enthält. Es handelt sich um eine Abwandlung des Multimineralpulvers HT Super. Sie erhalten es in den Geschäften, die die Zutaten der Hobbythek führen. Dieses Produkt schmeckt absolut neutral. Sie können es zur Anreicherung fast aller Speisen und Getränke verwenden, das heißt in Suppen, Saucen, Gemüse oder auch Süßspeisen. Dabei ist gleichgültig, ob Sie es vorher, während des Kochens oder nach dem Kochen hinzugeben, denn Hitze kann ihm nichts anhaben. In der Dosierung haben wir es so gehalten wie auch mit den Mineralstoffen, die bereits im Ausgangsprodukt, dem Multimineralpulver HT Super enthalten sind: 4 g dieses Pulvers, das sind zwei schwach gefüllte HT-Meßlöffel oder ein schwach gehäufter Teelöffel, decken ca. 25 % des Tagesbedarfs an Jod, Calcium und Magnesium und 35 % an Kalium. Das Jod ist, genauso wie bei den meisten jodierten Kochsalzprodukten, in Form von Kaliumjodat untergemischt.

Algen: Exotische Jodlieferanten

Neben den Meeresfrüchten sind auch Algen in der Regel äußerst jodreich. Daß der Jodmangel in Deutschland so gravierend ist, liegt auch daran, daß

Algen in der deutschen Küche nahezu tabuisiert sind, während die Südostasiaten ihre Speisen fast immer mit Algen anrichten, z. B. in Form von kleinen Dips. In Deutschland scheuen professionelle ebenso wie Hobbyköche den leicht fischigen Geschmack der Algen. Wegen des hohen Jodgehalts vieler Algen wurde der größte Teil von ihnen in Deutschland sogar verboten. Die Behörden befürchten nämlich, daß jodempfindliche Menschen – das sind meist diejenigen, die über einen längeren Zeitraum chronisch unterversorgt waren –, auf eine spontane höhere Dosis von Jod heftig reagieren. Nicht ganz zu Unrecht, denn zuviel Jod kann auch schaden. Auch hier gilt – wie so oft – der Spruch des Paracelcus: Auf die Dosis kommt es an. Deshalb dürfen Algen bei uns, je nach Bundesland, nur noch als „Badezusatz" verkauft werden.

Das ehemalige Bundesgesundheitsamt empfiehlt insbesondere älteren Menschen, täglich nicht mehr als 300 µg Jod aufzunehmen; bei 1000 µg und mehr pro Tag sei ein Jodexzeß zu befürchten, „ab dem bei einem erheblichen Teil der Bevölkerung mit dem Auftreten von Schilddrüsenstörungen zu rechnen ist".

Nachahmenswert finden wir deshalb den Hinweis auf einigen am Markt befindlichen Algenprodukten: „Reich an Jod, schilddrüsenempfindliche Personen sollten vor dem Verzehr ihren Arzt befragen." Zusätzlich wäre es sinnvoll, den Jodgehalt in den einzelnen Produkten genau und verständlich auszuweisen, so daß jeder Laie sofort ersehen kann, welche Algenmenge für ihn nicht nur unschädlich, sondern nützlich ist. Die Behörden sollten nicht allzu übervorsichtig reagieren, denn wer schon einmal Algen gegessen hat, weiß, daß man von ihnen kaum größere Mengen auf einmal verzehren kann.

Abb. 2: Getrocknete Algen lassen sich in vielen Gerichten als schmackhafte Variante einsetzen.

Für eine ausreichende Jodversorgung reichen schon täglich 2 bis 5 g getrocknete Algen aus. Am Ende dieses Kapitels haben wir für Sie einige Rezepte zusammengestellt, die für eine vernünftige Jodversorgung sehr empfehlenswert sind. Bei den Menüs, die auch Algen enthalten, haben wir bewußt nur kleine Mengen eingesetzt, die, wie gesagt, für eine gute Jodversorgung vollkommen ausreichen.

Auf dem deutschen Markt ist die Palette der angebotenen Algen und Algenprodukte mittlerweile recht groß. Am bekanntesten sind die Produkte Nori, Sushi Nori, Mekabu, Wakame, Kombu, Hijiki und Arame. Wir empfehlen allen „Algen-Einsteigern", es zunächst mit feinblättriger Hijiki und Arame zu versuchen. Diese beiden Algenarten sind leicht zuzubereiten und kommen unserem europäischen Geschmacks- und Geruchssinn am nächsten.

In der *Tabelle 1* finden Sie einen Über-

Jodgehalt verschiedener Lebensmittel

Lebensmittel	1 Portion in g	Jod in µg pro Portion
1 Glas Milch, 3,5 %	200	22
1 Glas Milch, 1,5 %	200	22
Broccoli	250	38
Grünkohl	250	30
Kartoffeln	200	10
Möhren	250	38
Rotkohl	250	13
Spargel	250	18
Spinat	250	30
1 Brathering, mittelgroß	200	260
Bückling	200	106
5 EL Garnele (Krabbenfleisch)	50	65
Heilbutt	200	104
Hering	200	104
Ostseehering	200	100
Kabeljaufilet	200	240
Lachs	200	68
Makrele	200	148
Miesmuschel	500	650
Rotbarschfilet	200	198
Schellfisch	250	585
Scholle, mittelgroß	375	713
1 Schollenfilet	70	133
Seelachs	200	400
Thunfisch	200	100

Tabelle 1

Abb. 3: Mit einem solchen Garnelen-Cocktail tun Sie etwas für Ihre Jodversorgung.

blick über den Jodgehalt verschiedener Lebensmittel. Wir haben uns bewußt auf solche Produkte beschränkt, die einen nennenswerten Jodanteil enthalten. Algenprodukte haben wir nicht aufgeführt, da ihr Jodgehalt je nach Herkunft zu sehr schwankt.
Nach diesen ausführlichen Informationen zum Thema Jod nun einige Rezepte. Wir wünschen Ihnen guten Appetit, eine ausreichende Jodversorgung und ein ausgeglichenes seelisches Wohlbefinden.

Abb. 4: Miesmuscheln sind hervorragende Jodlieferanten.

Paella mit Safranreis
(für vier Personen)

Für die Paella:

400 g	Rotbarschfilet
200 g	Tintenfisch
8	Garnelen
8	Miesmuscheln
1	Zwiebel
2	Knoblauchzehen
2	Tomaten, geschält und gewürfelt
1	Paprikaschote (rot)
200 g	Erbsen
200 g	Bohnen
⅛ l	Olivenöl (125 ml)
ca. 100 ml	Brühe
	Picadillo (1 Knoblauchzehe und 1 Bund frische Petersilie)
2	Zitronen

Miesmuscheln mit einer Bürste gründlich reinigen – sie dürfen nicht geöffnet sein – und beiseite stellen. Garnelen kurz waschen und abtropfen lassen. Tintenfisch waschen, Schulp entfernen, Körper und Fangarme in Stücke schneiden. Wenn Sie nur Tintenfischringe einkaufen konnten (meist tiefgekühlt), lassen Sie diese ganz. Olivenöl in einer Pfanne erhitzen, Tintenfischstücke und Garnelen auf beiden Seiten goldbraun braten, aus der Pfanne nehmen und beiseite stellen.
Paprika in Streifen schneiden, Zwiebeln würfeln, Knoblauch und Tomaten unter Rühren im restlichen Öl in der Pfanne schmoren, mit Salz und Pfeffer würzen, Brühe angießen. Tintenfischringe, Erbsen und in kleine Stücke geschnittene Bohnen hinzufügen und unter Rühren weiterschmoren.
In der Zwischenzeit die Miesmuscheln

in einem zugedeckten Topf zum Kochen bringen (Wasser mit Salz würzen, eventuell etwas Suppengrün – Porree, Sellerie, Petersilienwurzel hinzugeben – die Brühe weiterverwenden zur Zubereitung von Suppen oder Saucen). Miesmuscheln solange kochen, bis sie sich öffnen. Diejenigen, die sich nicht öffnen, wegschmeißen! Muscheln mit einem Schaumlöffel aus der Brühe nehmen, Brühe aufbewahren.

Für den Safranreis:

300 g	Basmatireis oder 350 g Vollkornreis
2 EL	Butter oder Margarine
750 ml	Wasser
½ EL	Safranfäden oder Colorante oder Gelbwurz
	Jodsalz

Reis waschen, Fett im Topf schmelzen, Reis hinzugeben und kurz anschwitzen, mit dem Wasser ablöschen. Wasser salzen, etwa 10 Minuten kochen. Dann die Safranfäden hinzugeben, weitere 10 Minuten kochen, bis die gesamte Flüssigkeit vom Reis aufgenommen worden ist (Vollkornreis braucht länger).

Den Safranreis unter die vorbereitete Paella geben, mit Miesmuscheln und Garnelen verzieren. Alles ca. 5 Minuten in den vorgeheizten Backofen geben. Vorsicht, daß die Paella nicht trocken wird! Mit Zitronenvierteln verzieren und mit Picadillo bestreuen.

Feuriger Fischtopf mit Hijiki

(für eine Person)

70 g	Vollkornreis
100 g	Wasser
200 g	Schellfisch
4 EL	Zitronensaft
1	rote Paprika
1	kleine Zwiebel
3 g	Hijiki, getrocknet
1	Knoblauchzehe
1 EL	Sonnenblumenöl
½ EL	Currypulver
1 Prise	Chilipulver
1 Msp.	Ingwer
1 EL	süße Sahne
	Jodsalz
	Pfeffer

Den Reis im Wasser garen. Das Fischfilet in Würfel schneiden, mit Salz, Pfeffer und Zitronensaft einreiben und beiseite stellen. Die Paprika waschen, putzen und in Streifen schneiden. Zwiebeln und Knoblauch abziehen, fein würfeln. Hijiki in eine Schüssel mit Wasser geben, 10 Minuten ziehen lassen und anschließend unter fließendem Wasser gut abspülen.

Das Öl in einem großen Topf erhitzen. Zwiebeln und Knoblauch darin glasig werden lassen. Curry, Ingwer und Chili einrühren und anschwitzen. Mit Sahne und eventuell einem Schuß Wasser un-

Abb. 5: Feuriger Fischtopf mit Hijiki

Abb. 6: Seefisch in Nuß-Curry-Sauce

ter Rühren ablöschen. Salzen, pfeffern, Fischstücke, Hijiki und Paprikastreifen hinzugeben. Zugedeckt bei mittlerer Hitze 15 Minuten ziehen lassen. Anschließend abschmecken.

Seelachs auf Kräuterrahm
(für eine Person)

200 g	Seelachs
	Saft einer ½ Zitrone
200 g	Kartoffeln
50 g	Vollkornmehl
1	mittelgroße Zwiebel
1 EL	Olivenöl
100 ml	trockener Weißwein
½ TL	Sahnemeerrettich
2 EL	Sahne
3 EL	Saure Sahne
	Petersilie
	Dill
	Pfeffer
	Jodsalz

Kartoffeln waschen, schälen und in Salzwasser kochen. Fisch mit Zitronensaft säuern, salzen und in Mehl wenden. Öl in einer Pfanne erhitzen und den Fisch von jeder Seite etwa 3 Minuten anbraten. Fisch beiseite legen, Zwiebeln auf niedriger Flamme andünsten, mit Weißwein ablöschen, mit süßer und saurer Sahne auffüllen, kurz aufkochen und mit Gewürzen und Kräutern abschmecken. Den Fisch ca. 5 Minuten in der Rahmsauce erhitzen, zusammen mit den Kartoffeln auf einem Teller anrichten und mit Petersilie garnieren.

Seefisch in Nuß-Curry-Sauce
(für 6 Personen)

Fisch:

6	Tomaten
2	Knoblauchzehen
6	Schalotten
60 g	Ingwer
30 g	Butter
	Curry
	Kurkuma
½ l	Kokosnußmilch
10	Macadamia-Nüsse oder Mandeln
750 g	Fischfilet mit festem Fleisch (nach Angebot z. B. Seeteufel)
	jodiertes Speisesalz

Beilage:

150 g	Stangensellerie
2 EL	Butter
300 g	Vollkornreis
600 g	Wasser
	frische Minze

Fisch: Tomaten schälen, entkernen, würfeln, salzen und in ein Sieb zum „Ausweinen“ geben. Knoblauch, Schalotten und Ingwer schälen und kleinhacken. In einer Bratpfanne goldgelb rösten. Curry, Kurkuma, gehackte Nüsse und Tomatenwürfel dazugeben und mit Kokosmilch auffüllen. Die Fischfilets hineingeben und den Topf von der Kochstelle nehmen. Mit einem Deckel fest verschließen und mit der Restwärme auf der Warmhalteplatte garziehen lassen.
Beilage: Reis in Wasser ca. 15 Minuten garen. Stangensellerie waschen, putzen und in kleine Scheiben schneiden. Im Topf mit Butter glasig andünsten. Reis mit überstehender Flüssigkeit hinzugeben, salzen und im geschlossenen Topf ca. 15 Minuten garziehen lassen.
Anrichten: Fischfilets aus der Sauce nehmen und warm stellen. Die Sauce eindicken lassen und abschmecken. Das Fischfilet auf gut vorgewärmte Teller legen. Mit Sauce übergießen und den Reis daneben anrichten.
Tips: Fisch immer bei sehr milder Hitze garziehen lassen, da das Eiweiß schon ab ca. 40 Grad abbindet. Bei zu hohen Temperaturen wird das Fleisch trocken. Sauce bei großer Hitzezufuhr in einem Topf mit möglichst großem Bodendurchmesser eindampfen.
Fisch mit festem Fleisch wie den heimischen Karpfen oder Exoten wie Red Snapper bevorzugen.
Variationen: Anstelle von Fischfilets können ausgelöste Schalentiere oder filitierte Hühnerbrüstchen verwendet werden.

Mit richtiger Ernährung gegen Mineralstoffmangel

Mineralstoffe sind für den Mensch lebensnotwendig. Schon der Mangel eines einzigen Mineralstoffes kann zu schwersten Gesundheitsstörungen führen. Calcium, Phosphor, Kalium, Magnesium und Natrium, aber auch die Spurenelemente Eisen, Fluor, Jod und Selen zählen zu den wichtigsten Vertretern dieser Nährstoffe.

Falsche Ernährungsgewohnheiten, bisweilen auch außergewöhnliche Lebensumstände, führen zu Mangelerscheinungen. Für immer mehr Menschen werden jedoch die Ausnahmesituationen zunehmend zur Alltäglichkeit. Prüfen Sie anhand der folgenden Kriterien, ob dies nicht auch auf Sie zutrifft:

- Versuchen Sie häufig abzunehmen?
- Sind Sie häufig auf Reisen?
- Sind Sie älter als sechzig Jahre?
- Sind Sie schwanger?
- Stillen Sie?
- Treiben Sie extrem viel Sport?
- Waren Sie längere Zeit krank?
- Trinken Sie sehr viel Alkohol?

Wie Sie sehen, gibt es viele Lebenssituationen, in denen der Bedarf an wichtigen Nährstoffen, wie den Mineralstoffen, zum Teil stark erhöht ist. Das gilt für Streßsituationen ebenso wie für die Schwangerschaft oder die Stillzeit. Bei einer Diät besteht das Problem darin, daß wesentlich weniger Kalorien aufgenommen werden, um abzunehmen, der Bedarf an Mineralstoffen und anderen Nährstoffen hingegen nahezu gleich hoch bleibt. Mit anderen Worten: Die Nahrung sollte in solchen Lebensphasen einen höheren Bestandteil wichtiger Stoffe aufweisen als in der übrigen Zeit. Wenn Sie sich vollwertig ernähren, auf gute, frische Lebensmittel und auf eine gesunde Zubereitung achten, kommen Sie diesem Ziel schon sehr nahe.

Zunächst aber einige Informationen zu den Mineralstoffen an sich:

Warum benötigen wir Mineralstoffe?

Mineralstoffe haben in unserem Körper viele Aufgaben. Wir benötigen sie zum Aufbau und zum Erhalt von Knochen und Zähnen. Wir brauchen sie zur Steuerung vieler Stoffwechselprozesse, und wir benötigen sie für eine konstante Zusammensetzung unserer Körperflüssigkeiten. Dies ist besonders für die Regulierung des Wasserhaushalts in unserem Körper wichtig. Auch der pH-Wert des Blutes und anderer Körperflüssigkeiten (eine Meßgröße zur Feststellung des Säuregehalts) wird von den Mineralstoffen kontrolliert und konstant gehalten. Und nicht zuletzt sind es die Mineralstoffe, die einen gleichmäßigen osmotischen Druck in den Körpergeweben aufrechterhalten. Auch dies ist eine lebenswichtige Aufgabe, denn erst ein konstanter osmotischer Druck macht es möglich, daß wir in unserem Körper Stoffe voneinander trennen können; so bewirkt er zum Beispiel, daß das Blut nicht in unsere Zellen eindringt, oder daß das Wasser aus unseren Zellen nicht nach außen fließt und so die Abläufe in den Zellen zum Erliegen kommen.

Mineralstoffe können jedoch im Gegensatz zu anderen Nahrungsbestandteilen, wie Zucker, Eiweiß, Fetten, aber auch Vitaminen, nicht zerstört werden. Denn Mineralstoffe sind keine komplexen Moleküle, sondern einfache Atome, also die kleinsten Einheiten von Molekülen. Mineralstoffe können also nicht zerstört werden, aber sie können verlorengehen. Wir scheiden täglich große Mengen an Mineralstoffen mit dem Urin, dem Stuhl und dem Schweiß aus, und diese Verluste müssen ersetzt werden. Werden sie nicht oder nur unzureichend ersetzt, können gesundheitliche Schäden die Folge sein.

Ein Mineralstoffmangel kann sich ganz unterschiedlich bemerkbar machen. Fehlt es an Calcium, so können Zähne und Knochen entkalken, Nerven und Muskeln zeigen Übererregungen. Fehlt es an Magnesium, so können ebenfalls eine Übererregbarkeit der Muskulatur und darüber hinaus Stoffwechselstörungen die Folge sein. Blutarmut und Müdigkeit sind erste Hinweise auf einen Eisenmangel. Eine Vergrößerung der Schilddrüse ist ein Indiz für einen akuten Jodmangel.

Mit Kalium sind wir glücklicherweise praktisch immer ausreichend versorgt, Natrium und Chlorid nehmen wir sogar im Übermaß auf, denn diese beiden Mineralstoffe bilden in trauter Zweisamkeit das Kochsalz, das wir eher etwas sparsamer einsetzen sollten. Auch Phosphor ist in unserer Nahrung eher im Übermaß vorhanden. Allerdings hat dies nicht unbedingt die Natur zu verantworten, sondern vor allem Lebensmitteltechniker und Lebensmitteldesigner, die das moderne Kunstessen mit allerhand Zusatzstoffen versehen, die häufig sehr phosphatreich sind. Ein berühmt-berüchtigtes Beispiel hierfür sind Cola-Getränke. Ernährungswissenschaftler beurteilen Lebensmittel deshalb unter anderem nach ihrem Calcium-Phosphat-Verhältnis (vgl. Hobbythek-Diätbuch).

Das Spurenelement Jod, das sich vor allem in der Schilddrüse verbirgt, gehört zu den problematischen Mineralstoffen. Näheres hierzu finden Sie in dem Kapitel „Richtige Ernährung für seelisches Wohlbefinden" und im Hobbythek-Buch „Richtige Ernährung in allen Lebenslagen".

Auch das Spurenelement Selen ist in unserer Nahrung nicht immer ausreichend vorhanden. Wir haben deshalb schon vor einigen Jahren den Import und Vertrieb von selenreichem Weizen angeregt. Dieser stammt aus Gebieten der USA, in denen von Natur aus mehr Selen im Boden enthalten ist. Näheres hierzu können Sie in unserem Hobbythek-Diätbuch nachlesen.

Abb. 1: Aus Irland oder den USA wird der sogenannte Selenweizen importiert.

Ernährt man sich eher ausgeglichen und vollwertig, also mit Getreideprodukten, mit Gemüsen und mit Früchten, und weniger mit Nahrungsmitteln wie Fleisch, Wurst, Fast Food und Süßigkeiten, dann kann man schon einer ganzen Reihe von gesundheitlichen Störungen vorbeugen. Auf diese Art und Weise ist auch eine ausreichende Versorgung mit Mineralstoffen gewährleistet, denn Hauptlieferanten sind vor allem Gemüse, Getreide und Früchte. Pflanzen entziehen die Mineralstoffe dem Boden, weil sie sie selbst als Bausteine für ihr Wachstum benötigen. Tiere und Menschen als letzte Glieder in der Nahrungskette nutzen die Pflanzen als Hauptquelle für Mineralstoffe.

Mangelstoff Calcium

Keine einzige Zelle unseres Körpers kann ohne Calcium überleben, denn Calcium sorgt für die Stabilisierung von

Zellmembranen, ist Baustein für Knochen und Zähne, sorgt für einen regelmäßigen Herzschlag, reibungslose Reizleitungen in Nerven und Muskeln und bei Verletzungen für eine zügige Blutgerinnung. Doch leider zählt Calcium bei uns zu den „kritischen Mineralstoffen", denn noch immer sind breite Bevölkerungsschichten unzureichend damit versorgt. Vor allem Mädchen und junge Frauen sind auf Grund ihrer Vorliebe für Diäten besonders häufig betroffen.

In unserem Körper ist der Calciumstoffwechsel mit dem Vitamin-D-Haushalt eng verknüpft, denn erst die ausreichende Versorgung mit Vitamin D ermöglicht, daß Calcium an den richtigen Stellen unseres Körpers zum Einsatz kommt. Deshalb kann bei Säuglingen und Kindern die Krankheit Rachitis entstehen, wenn sie schlecht mit Calcium oder Vitamin D versorgt sind.

Englische Krankheit: Rachitis

Im England der angehenden Industrialisierung, Mitte des vorigen Jahrhunderts, und zwar vor allem in den Industriezentren grassierte fast wie eine Epidemie die Rachitis. Eine Krankheit, die sich in Verformung von Knochen der Arme, Beine, des Brustkorbes, ja sogar des Kopfes äußert. Wegen des epidemieartigen Auftretens der Rachitis bekam sie später auch den Beinamen „Englische Krankheit". Damals konnte die Ursache noch nicht ermittelt werden. Heute wissen wir, daß die Epidemie fast ausschließlich auf einen Calciummangel zurückzuführen war, der letztlich durch eine massive Unterversorgung mit Vitamin D ausgelöst wurde. Wir wissen auch, daß Vitamin D in der Haut durch Sonnenbestrahlung gebildet wird. Hauptmissetäter war damals eine unglaubliche Umweltverschmutzung. Vor allem in den Wintermonaten war die Luft von den Rauchschwaden der Industrie und Hauskamine so verpestet, daß das Sonnenlicht nicht mehr in die Gassen der Städte fand. Die weitverbreitete Kinderarbeit tat ihr Übriges. Viele Kinder hatten in dunklen Industriekaschemmen einen 12- bis 16-Stunden-Tag. Auch war Milch ein Luxusprodukt für diese Kinder. Sie hätte die Folgen vielleicht ein wenig gemindert, denn in Milch sind ebenfalls Spuren von Vitamin D und zusätzlich reichlich Calcium enthalten. Allerdings kann sie nicht die Wirkung der Sonne ersetzen.

Da, wie gesagt, Vitamin D eng mit dem Calciumhaushalt verknüpft ist, bewirkt ein Mangel an diesem Vitamin, daß das für den Knochenbau wichtige Calcium nicht genügend ausgenutzt und eingebaut wird. Calcium kann man sich durchaus als Knochenkalk vorstellen, denn auch in der Natur ist Calcium der Hauptbestandteil von Kalk, aber auch von Gips.

Heute besteht bei Kindern in unserem Lebensraum dank ausreichender vorbeugender Versorgung mit Vitamin D kein Mangel mehr. Das Problem unzureichender Calciumzufuhr ist damit allerdings noch nicht gelöst. Eine geringe Calciumzufuhr in der Jugend ist übrigens deshalb besonders tückisch, weil sich die Auswirkungen oftmals erst im Alter zeigen. Da sind es vornehmlich die Frauen, die die Folgen zu spüren bekommen. Die Krankheit, die sich bilden kann, wird Osteoporose genannt, eine Art Knochenschwund, unter der immerhin 10 % der Deutschen leiden, und wenn man nur die älteren Frauen über 60 Jahre nimmt, dann sind es fast 25 % bis 30 %.

Unsere Tips:

- Calcium wird besser vom Körper aufgenommen, wenn wir genügend Vitamin D zur Verfügung haben. Achten Sie deshalb auf einen ausreichenden Aufenthalt im Freien. Es reicht im Prinzip aus, wenn Gesicht und Arme nur 15 Minuten pro Tag der freien ungetrübten Luft ausgesetzt sind.
- Milchzucker erhöht die Aufnahme von Calcium in unseren Körper. Wenn Sie Milch mögen und gut vertragen, sollten Sie täglich mindestens ein Glas trinken.
- Ein erhöhter Kochsalzverzehr, wie er bei uns üblich geworden ist, führt zu einer erhöhten Calciumausscheidung über die Nieren. Deshalb sollte Kochsalz sparsam verwendet werden.
- Phosphat bindet Calcium und wird dann von unserem Darm als unlösliches Salz wieder ausgeschieden. Deshalb sollten phosphatreiche Lebensmittel wie Fleisch, Wurst, Schmelzkäse, Kakao, Schokolade und Colagetränke nicht übermäßig verzehrt werden.

Weitere Informationen können Sie im Kapitel „Stärkung der Knochen: Aktiv gegen Osteoporose" nachlesen.

Mineralstoff Magnesium

Eine unter Medizinern wohlbekannte Anekdote berichtet von dem Treffen zwischen einem Internisten, einem Kardiologen und einem Psychologen. Der Internist berichtet von einer Patientin namens Schmidt, die bei ihm wegen

Bauchschmerzen in Behandlung sei. Der Kollege Kardiologe wundert sich und erzählt seinerseits, daß Frau Schmidt in seine Praxis mit Herzbeschwerden gekommen sei. Daraufhin erkärt auch der überraschte Psychologe, daß Frau Schmidt wegen einer diffusen Überregbarkeit bei ihm erschienen sei. Die drei Ärzte schauen sich an, der Fall ist klar: Frau Schmidt muß eine Simulantin sein – denn Ärzte sind oftmals überfordert, die Diagnose „Magnesiummangel" zu stellen.

Um Mißverständnissen vorzubeugen: Magnesiummangel ist keine „Volksseuche", und natürlich deuten nicht alle Bauchschmerzen, Herzbeschwerden und nervösen Störungen auf Magnesiummangel hin, aber sie können neben anderen Ursachen auch von einem Magnesiummangel herrühren.

Um einem Magnesiummangel vorzubeugen, sollten Milch, Käse, Fisch, Haferflocken und andere pflanzliche Lebensmittel, wie z. B. Fenchel oder Grünkohl, immer wieder auf Ihrem Speisezettel stehen.

Wissenschaftler warnen schon seit Jahren vor einer möglicherweise unzureichenden Magnesiumversorgung. So etwa Prof. W. Bergmann aus Jena: „Die im Verlaufe der vergangenen 100 Jahre, vor allem aber in den Jahren nach dem Zweiten Weltkrieg, in vielen europäischen Ländern eingetretene Veränderung der Eßgewohnheiten, verbunden mit einem erhöhten Fleisch-, Milchprodukt-, Eier- sowie Fett-, Zucker-, Süßwaren- und Weißmehlverbrauch, trägt ohne Zweifel mit dazu bei, daß eine ehedem durchaus hohe Magnesium-Zufuhr mit der Nahrung heute nicht mehr unterstellt werden kann."

In Deutschland scheint die Bevölkerung recht gut mit Magnesium versorgt zu sein. So sieht es jedenfalls die Deutsche Gesellschaft für Ernährung, was natürlich nicht darüber hinwegtäuschen darf, daß einzelne Menschen durchaus Mangelsymptome zeigen können. Dies gilt vor allem für Kinder während des Wachstums, Sportler, chronisch streßbelastete Mitmenschen, aber auch für Schwangere und Stillende, denn sie alle haben einen erhöhten Magnesiumbedarf. Symptome werden von Ärzten, wie gesagt, häufig mißachtet oder falsch gedeutet. Und so müssen sich diese Patienten oftmals über einen langen Zeitraum mit ihren Problemen herumplagen.

Bei Kindern treten gehäuft Wadenkrämpfe, Bauch- und Kopfschmerzen, schnelle Ermüdung, Schlafstörungen und Konzentrationsschwächen auf. Bei Frauen zeigt sich Magnesiummangel z. B. in Fingernagelbrüchigkeit, Migräne, erhöhtem Schlafbedürfnis, aber auch in der Herabsetzung der psychologischen Belastbarkeit. In der Schwangerschaft können sogar Fehl- und Frühgeburten die Folge einer leicht zu vermeidenden Magnesium-Unterversorgung sein. Bei Männern scheinen Muskelkrämpfe, Störungen im Herz-Kreislauf-System sowie eine verminderte Widerstandskraft gegenüber Streß zu überwiegen.

Die positiven Auswirkungen des Magnesiums auf das Herz sind mittlerweile unumstritten, und man weiß heute, daß Magnesium beruhigend und ausgleichend wirkt. Deshalb wird es auch gegen bestimmte Formen von Herz-Rhythmus-Störungen verordnet. Auch die Gefahr einer Angina pectoris, die sich in der Regel aus einer bestehenden Herzkrankheit entwickelt, kann nach Ergebnissen einiger Studien bei ausreichender Magnesium-Versorgung vermindert werden. So haben Wissenschaftler z. B. in den USA festgestellt, daß in Gegenden mit weichem, magnesiumarmen Trinkwasser die Todesrate infolge von Herz-Kreislauf-Erkrankungen um 15 Prozent höher ist. In Japan und Finnland gaben diese und ähnliche Studien den Anlaß, Speisesalz mit Magnesium anzureichern. Auch das ehemalige Bundesgesundheitsamt nahm sich des Problems an. Hier haben die Wissenschaftler den Zusammenhang zwischen Umweltlärm als Streßfaktor, der Magnesiumversorgung und den Erkrankungen des Herz-Kreislauf-Systems untersucht. Ergebnis: Bei zunehmendem Streß erhöht sich der Bedarf an Magnesium. Ein Ausgleich dieses erhöhten Verbrauchs scheint die negativen Auswirkungen auf das Herz-Kreislauf-System zu begrenzen.

Noch in den 50er und 60er Jahren war Magnesiummangel in der Medizin praktisch kaum bekannt. Dies hat sich in den letzten Jahrzehnten erheblich geändert. Inzwischen werden Magnesiumpräparate und auch magnesiumreiche Mineralwässer aus verschiedensten Gründen empfohlen und verabreicht:

- bei Diabetes
- bei nervös depressiven Erkrankungen
- gegen Calcium-Oxalatsteinbildung
- während der Schwangerschaft
- während der Stillzeit
- bei Alkoholmißbrauch
- bei Streß, durch Leistungssport, Lärm, körperliche und seelische Belastungen, verschiedenste Erkrankungen
- bei Muskelkrämpfen

- bei Muskelzittern
- bei Migräne.

So hat sich die Einnahme von etwa 200 bis 400 mg Magnesium, was in etwa der Tagesempfehlung entspricht, bestens zur Verhütung von Waden-, Oberschenkel- und anderen Krämpfen sowie zur Erhaltung der Leistung und Ausdauer bei schwerer körperlicher Arbeit und im Leistungssport bewährt.

Eisen

Am Beispiel des Mineralstoffs Eisen wird deutlich, daß wir heute immer noch zuwenig über eine optimale Ernährung wissen. Noch im Jahr 1991 kam die Nationale Verzehrstudie zu dem Schluß, daß 50 bis 60 Prozent der jungen Mädchen und Frauen unzureichend mit Eisen versorgt seien. Das Bundesgesundheitsamt rechnete später vor, daß dies nur sechs Prozent der Frauen und drei Prozent der Männer betraf. Diese Statistiken verwiesen jedoch weniger auf ein geändertes Ernährungsverhalten als auf eine Änderung der Bezugsgrößen: Während erwachsenen Menschen früher angeraten wurde, täglich 12 bis 18 mg Eisen aufzunehmen, sollen es nach heutigem Wissensstand nur noch 10 bis 15 mg sein. Deshalb ist die Einnahme von Pillen als Zusatzversorgung in der Regel auch nicht mehr erforderlich; ausgenommen sind hiervon natürlich Schwangere und diejenigen, bei denen der Arzt eine Unterversorgung mit Eisen festgestellt hat. Gesenkt wurden die Empfehlungen, weil intensive Forschung völlig unerwartete Zusammenhänge zwischen Eisenaufnahme und Herzinfarkt aufgedeckt hat.

Eisen und Herzinfarkt

In der Zeitschrift „Circulation", einem Fachblatt der amerikanischen Herzgesellschaft, wurden die Ergebnisse einer in Finnland durchgeführten achtjährigen Studie veröffentlicht. An 1931 Männern ermittelten die Forscher Jukka T. Salonen und seine Kollegen von der finnischen Universität in Kuopio, daß ein hoher Eisengehalt im Blut mehr noch als hohe Cholesterinwerte und Bluthochdruck ein verstärktes Risiko für Herzinfarkte darzustellen scheint. Zwar widersprechen amerikanische Wissenschaftler dem, doch solange man keine gesicherten Erkenntnisse hat, sollte man Vorsicht walten lassen.

Nach all diesen Informationen möchten wir ausdrücklich betonen, daß Sie nicht nur auf Tabletten und Pülverchen setzen sollten. Die beste Art der Mineralstoffversorgung bietet immer noch eine ausgewogene Ernährung. Das liegt nicht zuletzt daran, daß Sie bei Einnahme von Präparaten immer nur einen oder zwei, vielleicht auch drei oder vier Mineralstoffe gleichzeitig aufnehmen. Der Rest bleibt auf der Strecke. Viele andere Stoffe bleiben zudem unberücksichtigt, wie z.B. Carotinoide, Phytosterine, Flavonoide oder Terpene, Stoffe, die uns vor Krebs schützen könnten und in schmackhafter Form in Brokkoli, Weizen oder Knoblauch enthalten sind, aber bisher noch in keiner einzigen Pille. Außerdem besteht die Gefahr, daß man zuwenig Vitamine, essentielle Fettsäuren und viele andere lebenswichtigen Stoffe zu sich nimmt.

Wenn Sie jedoch kurzfristig auf Mineralstoffpräparate zurückgreifen müssen, weil Sie gerade eine Diät durchführen oder weil Sie vorübergehend nicht in der Lage sind, sich ausgewogen zu ernähren, so können Sie mittlerweile aus einer breiten Produktpalette wählen. Es müssen dabei nicht unbedingt die teuren Pillen aus der Apotheke sein. Wir von der Hobbythek haben uns ebenfalls um eine Rezeptur bemüht, und mittlerweile wird das von uns vorgeschlagene Produkt in vielen Geschäften vertrieben.

Multimineralpulver HT Super

Unser Multimineralpulver HT Super enthält wichtige Mineralstoffe wie Magnesium, Calcium und Kalium. Bei unzureichender Versorgung sollten pro Tag vier Gramm bzw. zwei schwach gefüllte Hobbythek-Meßlöffel oder ein schwach gefüllter Teelöffel dieses Pulvers zusätzlich eingenommen werden. Sie decken damit etwa 25 Prozent des Tagesbedarfs an Calcium und Magnesium und 35 Prozent des Tagesbedarfs an Kalium.

Multimineralpulver HT Super besteht aus Kalium- und Calciumcitrat (Salze der Zitronensäure), aus Magnesiumcarbonat und Äpfelsäure. Da die Citrate den Geschmack des Pulvers so angenehm machen, haben wir diesem Präparat den Beinamen „Super" gegeben. Wir empfehlen es vor allem zur Anreicherung von Speisen, in denen es völlig neutral schmeckt. Selbstverständlich können Sie Multimineralpulver HT Super auch in Fruchtsäfte, Mineralwasser oder in andere Getränke einrühren. Wenn Sie es gerne „sprudelig" mögen, so brauchen Sie übrigens kein teures Mineralwasser zu kaufen. Wasser aus der Leitung ist in der Regel mindestens so wertvoll wie das Wasser aus der Flasche, und mit Hilfe eines Sprudlers können Sie in Sekundenschnelle aus stillem Leitungswasser ein prickelndes Trinkvergnügen zaubern. Sollte bei Ihnen übrigens besonders hartes Wasser aus dem Hahn fließen, dann haben Sie – gesundheitlich gesehen – sogar Glück, denn hartes Wasser ist reich an wichtigen Mineralstoffen wie Calcium und Magnesium.

Ballaststoff-Mineralstoff-Frühstück à la Jean Pütz

Ich, Jean Pütz, gebe von dem Multimineralpulver HT Super pro Tag einen Teelöffel morgens in meinen Ballaststoffbrei, den ich mir aus Haferflocken, Hafercrispies HT Super und Früchten zubereite. Damit decke ich 25 Prozent meines Tagesbedarfs an Calcium und Magnesium und 35 Prozent meines Kaliumbedarfs schon am frühen Morgen. Sie glauben gar nicht, wie wohl ich

Abb. 2: Ballaststoff-Mineralstoff-Frühstück: Ein guter Start in den Tag!

mich dank dieser Kombination von Ballaststoffen und Mineralstoffen fühle. Zunächst einmal habe ich mit den Ballaststoffen ohne Medikamente einige Verdauungsprobleme lösen können. Sogar mein Internist ist völlig zufrieden mit mir. Er war zunächst sehr skeptisch, denn anfänglich nahm ich lediglich mehr isolierte Ballaststoffe zu mir, und bei einer Blutanalyse stellte sich ein Kalium- und Magnesiumdefizit heraus. Heute weiß ich warum: Ballaststoffe bedingen einen größeren Mineralstoffbedarf. Mittlerweile ist das Problem durch den Zusatz von Multimineralpulver HT Super gelöst. Deshalb möchte ich Ihnen hier mein ganz persönliches Rezept für meinen Ballaststoff-Mineralstoff-Brei vorstellen:

1 TL	Multimineralpulver HT Super
20 g	Haferflocken
60 g	Hafercrispies HT Super
300 g	Wasser
100 g	Früchte (zum Beispiel Äpfel, Birnen, Bananen, Aprikosen, Erdbeeren, Kirschen, Pflaumen)
1 Msp.	Konfilight, Honig oder Apfelsüße HT

In etwa 300 g kochendes Wasser gebe ich zunächst die Haferflocken und die Hafercrispies, die rund 30 Prozent Ballaststoffe aufweisen. Dann schneide ich die Früchte hinein und gebe einen Teelöffel Multimineralpulver HT Super hinzu. Dies lasse ich kurz aufköcheln und nehme es anschließend vom Herd. Dann wird nach Geschmack mit unserem Konfilight-Süßstoff oder auch mit Apfelsüße oder Honig gesüßt. Umrühren, fertig.

Abschließend möchten wir noch einmal in aller Kürze die wichtigsten Empfehlungen zusammenfassen, damit auch Sie zukünftig jedem Mineralstoffmangel vorbeugen können:

- Bringen Sie Abwechslung in Ihren Speiseplan, denn jedes Lebensmittel hat sein eigenes Nährstoffspektrum. Wählen Sie als Beilage zum Beispiel am Montag Kartoffeln, am Dienstag Nudeln, am Mittwoch Reis, am Donnerstag Klöße, am Freitag Pellkartoffeln, am Samstag auch mal Pommes und am Sonntag ein Gemisch aus Reis und Weizen.
- Trinken Sie nicht immer nur Cola oder Limo, sondern auch nährstoffreiche Getränke, zum Beispiel Saftschorlen, Mineralwasser oder Milch. Insbesondere hartes Leitungswasser ist reich an Mineralstoffen.
- Welches Obst essen Sie am liebsten? Eine Banane, einen Apfel oder vielleicht eine Orange? Lassen Sie hin und wieder den Pudding stehen, und greifen Sie zu Ihrem Lieblingsobst oder bereiten Sie sich doch einen schmackhaften Obstsalat zu.
- Bei Gemüse aus Konservendosen sollten Sie berücksichtigen, daß in der Regel das Einkochen mit einem Mineralstoffverlust von etwa 30 Prozent einhergeht. Diese Mineralstoffe können zwar nicht zerstört werden, gehen aber mit der Brühe verloren.
- Auch beim Kochen gehen erhebliche Mengen an Mineralstoffen ins Wasser über. Deshalb sollten Sie Gemüse besser dünsten, oder Sie verwenden das Kochwasser von Fleisch und Gemüse zur Weiterverarbeitung, z.B. für die Sauce. (Das Kochwasser von Kartoffeln und Hül-

Abb. 3: Beim schonenden Dünsten Ihres Gemüses erhalten Sie die Mineralstoffe.

Abb. 4: Verwenden Sie das Kochwasser von Fleisch und Gemüse für Ihre Sauce.

Abb. 5: Linsen im Spinat-Bett mit Bratkartoffeln und Kotelett.

senfrüchten sollte man allerdings nicht weiterverwenden.)

Grundsätzlich gilt, daß man sich insgesamt ausgewogen ernähren sollte. Deshalb empfehlen wir Ihnen, auch in den anderen Kapiteln zu blättern. Bestimmt finden Sie dort noch weitere Anregungen. Zunächst wünschen wir Ihnen jedoch gute Gesundheit und viel Spaß und Genuß bei der Umsetzung der folgenden Rezepte.

Linsen im Spinat-Bett
(Beilage für zwei Personen)

500 g	Spinat
150 g	helle Linsen
½ TL	Gelbwurz (gem.)
1 Msp.	Cayennepfeffer
1 TL	frischer Ingwer (geschält und feingehackt)
¼ TL	Kreuzkümmel (gem.)
¼ TL	Koriander (gem.)
¼ Teel.	Zimt (gem.)
2 Msp.	Nelken (gem.)
2 Msp.	Kardamom (gem.)
1 EL	Distelöl
	Jodsalz
1 TL	Multimineralpulver HT Super (bei Bedarf)
	Wasser

Den Spinat gut waschen und kleinschneiden. Die Linsen mit kaltem Wasser abspülen, mit Wasser in einem Topf aufsetzen und zum Kochen bringen. Gelbwurz und wenig Salz dazugeben und etwa 30–45 Minuten kochen, bis

die Linsen weich sind. Nun den Spinat hinzufügen und zugedeckt weitere 5 Minuten garen lassen. In einer Pfanne oder einem Wok Distelöl erhitzen und Gewürze darin leicht schmoren. Die Hitze erhöhen, die Linsen-Spinat-Mischung und das Multimineralpulver HT Super hinzugeben, für 5 Minuten gut durchbraten.
Tip: Linsen im Spinat-Bett paßt sehr gut zu Bratkartoffeln. Als Fleischbeilage könnten Sie ein kleines Steak oder Kotelett servieren.

Bunter Gemüse-Auflauf
(für 4 Personen)

300 g	Weizenvollkornmehl
2	Eier
½ TL	Salz
3 EL	Sonnenblumenöl
3 EL	Wasser
4	mittelgroße Zwiebeln
1	mittelgroße Stange Porree (200 g)
1	kleine Aubergine (250 g)
1	mittelgroße Zucchini (250 g)
400 g	Tomaten
150 g	mittelalter Gouda
35 g	Butter
350 ml	Milch
9 EL	süße Sahne
1 Bund	Basilikum
50 g	Macadamia oder Cashew
2 TL	Multimineralpulver HT Super (bei Bedarf)

250 g Mehl in eine Schüssel geben, Eier und Salz, 1 EL Sonnenblumenöl und Wasser hinzufügen und mit den Knethaken eines Handrührgerätes oder einer Küchenmaschine verkneten. 2 EL Sonnenblumenöl in einer großen Pfanne erhitzen, darin die gewürfelten Zwiebeln und den geputzten, in Ringe geschnittenen Lauch glasig dünsten. Dann die in Würfel geschnittene Aubergine und Zucchini dazugeben und auf mittlerer Hitze bei geschlossenem Deckel gardünsten.
Tomaten an der Oberseite einritzen und den Stielansatz entfernen. Nun die Tomaten kurz in heißes Wasser eintauchen, kalt abschrecken, abhäuten, kleinschneiden und mit dem restlichen Gemüse mitgaren. Den Käse grob raffeln, das Basilikum in Streifen schneiden.
Für die Bechamelsauce Butter in einem Topf schmelzen, das restliche Vollkornmehl einrühren und bräunen. Nun die Milch hinzugeben, unter kräftigen Rühren mit dem Schneebesen aufkochen, 10 Minuten bei schwacher Hitze köcheln lassen und gelegentlich umrühren. Multimineralpulver, Sahne und Basilikum einrühren.
Nüsse grob hacken und kurz anrösten. Teig mit dem Nudelholz oder, falls vorhanden, mit der Nudelmaschine zu ca. 10 dünnen Platten ausrollen. Eine mittelgroße Auflaufform ausfetten, dann folgendermaßen schichten: eine Teigschicht, Gemüse, Bechamelsauce, Käse und Nüsse. Dann wieder eine Teigschicht usw. mit Käse und Nüssen abschließen. Im vorgeheizten Backofen bei 200 °C 60 Minuten backen.

Kartoffeln in Rot
(für 4 bis 5 Personen)

1 kg	Kartoffeln
3–4	Tomaten
1–2	EL frische Basilikumblätter
1–2	Knoblauchzehen
½ TL	Gelbwurz
1 Msp.	Cayennepfeffer
1 TL	frischer, feingeraspelter Ingwer
1–2 EL	Sonnenblumenöl
	Jodsalz
2 TL	Multimineralpulver HT Super (bei Bedarf)

Die Kartoffeln schälen und in nicht zu dünne Scheiben schneiden. Sonnenblumenöl in einem schweren Topf erhitzen, den Ingwer und den kleingeschnittenen Knoblauch leicht darin anrösten. Anschließend die fein gewürfelte Tomate und die restlichen Gewürze, einschließlich Basilikum, Salz und Multimineralpulver dazugeben, kurz aufkochen und die Kartoffelscheiben hineinlegen. Zugedeckt bei mittlerer Hitze etwa 20–30 Minuten garen, evtl. zwischendurch etwas Wasser zugießen.
Wenn die Kartoffeln weich sind, vom Herd nehmen und mit ein paar Basilikumblättchen garniert servieren.
Tip: „Kartoffeln in Rot" können Sie ganz auf die Schnelle zu einem delikaten und mineralstoffreichen Mittagsmenü erweitern, wenn Sie zusätzlich noch einen Salat anrichten. Sehr gut passen Zwiebeln, Gurke, Paprika, Chicorée, Champignons und Feldsalat, garniert mit etwas Mozzarella oder Schafskäse. Als kleine Fleischbeilage eignet sich Kurzgebratenes, zum Beispiel ein Lammkotelett oder Steak.

Gemüsetorte
(für 3 bis 5 Personen)

75 g	Magerquark
2 EL	Milch
1 EL	Öl
1	Ei
¼ TL	Jodsalz

150 g	Weizenvollkornmehl
3 gestr. TL	Backpulver
1 kg	Gemüse (Zucchini, Paprika, Porree)
2	Knoblauchzehen
3 EL	Öl
50 g	Kürbiskerne
	Salz
	Pfeffer
200 g	Schmand
2	Eier
100 g	geriebener mittelalter Gouda
1 TL	Multimineralpulver HT Super (bei Bedarf)

Magerquark, Milch, Öl und Ei miteinander vermengen. Salz, Mehl und Backpulver mischen und unterrühren. Den Teig 30 Minuten im Kühlschrank ruhen lassen, dann eine gefettete Springform damit auskleiden.

Abb. 6: Spargelauflauf

Gemüse waschen, putzen, kleinschneiden. Knoblauchzehen ausdrücken, in Öl erhitzen, Gemüse zugeben und ca. 5 Minuten andünsten. Die Hälfte der Kürbiskerne hacken, unter das Gemüse rühren und auf den Teig verteilen. Mit Salz und Pfeffer würzen. Schmand, Eier, Multimineralpulver und geriebenen Gouda verrühren, mit Salz und Pfeffer abschmecken und über das Gemüse gießen. Das Ganze mit den restlichen Kürbiskernen bestreuen.
Die Torte im Backofen bei 200 °C ca. 40 Minuten backen, anschließend noch 5 Minuten ruhen lassen.

Spargelauflauf
(für 4 Personen)

500 g	weißer Spargel
500 g	grüner Spargel
	Jodsalz
200 g	gekochter Schinken
40 g	Butter
30 g	Weizenvollkornmehl
¼ l	Milch
	weißer Pfeffer
	Muskat
4	Eigelb
4	Eiweiß
2 EL	Vollkornsemmelbrösel
2 TL	Multimineralpulver HT Super

Den weißen Spargel ganz, den grünen Spargel nur im unteren Drittel schälen, dann in ca. 5 cm große Stücke schneiden, die Spitzen zur Seite legen. Salzwasser zum Kochen bringen, zuerst die Stangen 4 Minuten kochen, dann die Spitzen dazugeben und weitere 3 Minuten kochen. Den Spargel durch ein Sieb geben und abtropfen lassen. Dabei etwa ¼ l Kochwasser auffangen. Schinken in kleine Würfel schneiden.

Abb. 7: Partysnack mit Auberginen

Backofen auf 200 °C vorheizen. Die Butter schmelzen und das Mehl darin anschwitzen.
Sobald es beginnt zu schäumen, das Spargelwasser und die Milch unter ständigem Rühren dazugießen. Aufkochen lassen und unter weiterem Rühren einige Minuten kochen. Von der Kochstelle nehmen und die Eigelbe unterrühren, mit Salz, Pfeffer und Muskat abschmecken und Multimineralpulver dazugeben.
Eine Auflaufform ausfetten und abwechselnd Spargel und Schinken hineingeben. Das Eiweiß zu steifem Schnee schlagen und unter die Sauce ziehen, dann über dem Spargel verteilen, die Oberfläche mit Semmelbröseln bestreuen. Auf mittlerer Schiene etwa 30 Minuten backen.
Dazu passen kleine, neue Kartofffeln, in der Schale gekocht.
Variation: Anstelle des Schinkens 350 g frischen Lachs verwenden.

Partysnack mit Auberginen
(für 4 Personen)

2	Auberginen (500 g)
4	mittelgroße Kartoffeln
2	große Zwiebeln
	Saft einer Zitrone
	Jodsalz, Pfeffer
2 TL	Multimineralpulver
	HT Super (bei Bedarf)
1/4 TL	Zimt
1/4 TL	gemahlene Nelken
1/4 TL	gem. Kreuzkümmel
	Cayennepfeffer
ca. 4 EL	Olivenöl

Die Auberginen waschen, längs halbieren und in Scheiben schneiden. Die Kartoffeln schälen und ebenfalls in Scheiben schneiden. Die Zwiebeln schälen, quer halbieren und achteln. Das Gemüse in eine große Schüssel geben, die Gewürze, das Multimineralpulver und den Zitronensaft und das Öl hinzufügen und alles vorsichtig miteinander vermischen.
Den Backofen auf 200 °C vorheizen. Das Gemüse auf ein Blech legen und im Backofen ca. 30 Minuten braten. Warm oder kalt servieren.

Optimale Ernährung für Sportler

Sport macht Spaß, bringt gute Laune, hält fit, macht uns schön und sorgt für Widerstandskraft und Gesundheit. Doch die besten Sportübungen nutzen nichts, wenn der Körper nicht auch von innen gehegt und gepflegt wird. Erst die richtige Ernährung läßt Kondition, Muskeln und Kraft wachsen. Allerdings gehen die Meinungen über eine sinnvolle Fitneßernährung sehr weit auseinander, und so stößt man in den Fachzeitschriften für Sportler und Bodybuilder auf zum Teil völlig kontroverse Empfehlungen. Auch die allgegenwärtige Werbung suggeriert, daß man nur mit Spezial-Mittelchen und Fitneßgetränken den gewünschten körperlichen Erfolg erreichen kann. Spezialläden verkaufen neben den offenbar unentbehrlichen Utensilien für das modische Outfit den Hobbysportlern auch Unmengen angeblicher Wundermittel für die zeitgemäße Körperertüchtigung. Da gibt es nicht nur Eiweißpräparate wie Eiweißriegel, Pülverchen usw. oder angebliche Muskelaufbaumittel, sondern auch isotonische Getränke aller Art mit vermeintlicher direkter Power- und Fitneßwirkung. Die meisten Sport- und Ernährungswissenschaftler halten spezielle Sportpräparate jedoch für unwirksam und überflüssig. Um Informationen und Desinformationen etwas zu entflechten, möchten wir zunächst etwas genauer auf den Mythos Eiweiß eingehen:

Mythos Eiweiß

Immer wieder wird behauptet, daß zur Bildung von Muskeln Eiweiß notwendig sei, mehr als wir mit der normalen Nahrung aufnehmen können. Daß dies nicht stimmt, möchten wir Ihnen anhand einiger Zahlen belegen.
Eigentlich brauchen wir nur sehr wenig Eiweiß. Ein durchschnittlicher Erwachsener kommt am Tag und pro Kilogramm Körpergewicht schon mit 0,34 Gramm aus. Da Wissenschaftler aber in der Regel vorsichtig sind, und die Menschen körperlich unterschiedlich belastet sind – der eine arbeitet als Schreibtischtäter, der nächste als Bauarbeiter und der dritte als Profisportler –, geben sie vorab einen 30prozentigen Zuschlag. Die Empfehlung liegt jetzt schon bei 0,44 g pro kg Körpergewicht. Weil aber Eiweiß unterschiedlich gut vom Körper aufgenommen werden kann, rechnen Experten großzügig weitere 30 Prozent hinzu. Die Empfehlung beträgt nun schon 0,57 g pro Kilogramm Körpergewicht. Aber auch diese geballte Sicherheit reicht den Wissenschaftlern nicht aus. Um auf der absolut sicheren Seite zu stehen, schlagen sie nun noch einmal 30 Prozent drauf. Dieses Mal, um der unterschiedlichen biologischen Wertigkeit Rechnung zu tragen. Biologische Wertigkeit bedeutet, daß man beispielsweise von der gleichen Menge Fleisch- oder Hühnerei-Eiweiß mehr Muskelmasse aufbauen kann als von der entsprechenden Menge Eiweiß, das sich im Brot oder im Müsli befindet. Die endgültige Empfehlung liegt nun bei 0,8 g pro kg Körpergewicht. Insgesamt sind in den allgemeinen Eiweißempfehlungen also gut 90 Prozent Sicherheitszuschläge enthalten.
Ein anderes Argument der Eiweißverfechter lautet, daß Muskeln, die stark beansprucht werden, für ständige Auf-, Ab- und Umbaumaßnahmen wesentlich mehr Eiweiß benötigen als „Bürobeine". Auch dieses Argument können wir leicht entkräften: Schon das Tragen eines Gipses für wenige Wochen hat zur Folge, daß ein Oberschenkel um ein Vielfaches schrumpft. Dies zeigt deutlich, daß im Muskel permanent Umsetzungen erfolgen. Da ein Gipsbein keine Trainingsanreize bekommt, beschränken sich hier die Prozesse natürlich auf den Abbau. Ein ähnliches Phänomen kennen wir von der Raumfahrt. In der Schwerelosigkeit kämpfen die Raumfahrer mit allen Kräften gegen den rasanten Muskelschwund. Ein Zei-

chen, so der Ernährungswissenschaftler und Eiweißexperte Dr. Klaus-Jürgen Moch von der Universität Gießen, daß „die Umbaugeschwindigkeit unter belastungsarmen Bedingungen offenbar genauso schnell wie unter starkem Training abläuft".
Schließlich möchten wir Ihnen vorrechnen, wieviel der Körper an Eiweiß benötigt, wollte er in relativ kurzer Zeit Muskelberge anwachsen lassen:
Ein Kilogramm Muskel enthält etwa 200 Gramm Eiweiß. Angenommen, Sie wollten sich innerhalb eines Jahres die gewaltige Masse von zehn Kilogramm Muskeln zulegen, dann hätten Sie übers Jahr gerechnet einen zusätzlichen Eiweißbedarf von zwei Kilogramm. Umgerechnet auf den Tag würde das bedeuten, daß ein 70 kg schwerer Sportler 0,08 g Eiweiß pro Kilogramm Körpergewicht zusätzlich aufnehmen müßte. Diese Menge ist in den Sicherheitszuschlägen bereits enthalten.
Darüber hinaus haben Sportler sowieso einen erhöhten Kalorienbedarf und nehmen zwangsläufig wesentlich mehr Eiweiß auf als ihre sportfaulen Freunde. Verständlich also, daß nicht diejenigen, die zunehmen, sondern diejenigen, die abnehmen, auf eine ausreichende Eiweißversorgung achten müssen. Chronisch diätlebende Menschen vergessen oftmals, daß die Ernährung auch noch andere Aufgaben hat, als nur Fettpölsterchen zu bilden. Bleiben Sie auf lange Sicht unter den empfohlenen Eiweißmengen pro Tag, so nehmen Sie tatsächlich ab, aber zunächst an Muskelmasse. Spitzensportler wissen dies. Wenn Sie Ihr Körpergewicht reduzieren wollen, z.B. um als Gewichtsheber oder als Boxer in eine andere Gewichtsklasse zu gelangen, dann sorgen Sie gerade in einer Diätphase für eine ausreichende Eiweißversorgung, im Extremfall auch mit Pülverchen.
Im Jahr 1993 wurde eine weitere Studie zum Eiweißbedarf an der Universität Gießen abgeschlossen. Danach benötigen Kraftsportler nach einem zweistündigen täglichen Training etwa 20 bis 30 Prozent mehr Eiweiß als in trainingsfreier Zeit. Aber diese Mengen sind in unserer Durchschnittskost bereits enthalten. Die Gießener Wissenschaftler haben einen Eiweißbedarf von maximal 1 Gramm pro Kilogramm Körpergewicht errechnet. Da wir aber ca. 1,2 bis 1,6 g pro kg Körpergewicht aufnehmen, besteht also auch nach den neuesten wissenschaftlichen Erkenntnissen kein Anlaß für den Griff zu teuren Pülverchen.
Nach den Berechnungen der WHO, der Weltgesundheitsorganisation, liegt der Eiweißbedarf pro Tag in der Regel zwischen 26 und 52 g. Schon mit einem bescheidenen Frühstück, das aus zwei Scheiben Brot oder zwei Brötchen mit Käse oder Wurst bzw. Schinken als Auflage und noch ein bißchen Milch im Kaffee besteht, nimmt man schon gut 20–23 g reines Eiweiß auf. Gönnen Sie sich dann auch noch den Luxus eines Frühstückseis, dann kommen Sie schon auf 30 g. Denn ein Ei bringt rund 7 g reines Eiweiß auf die Waage. Alles, was Sie darüber hinaus essen, übersteigt also im Prinzip den nötigen Eiweißbedarf.
In Kombination mit einem typischen Mittagessen nehmen Sie schon 70 g Eiweiß auf. Bei der oben erwähnten Studie kamen die Wissenschaftler zu dem abschließenden Ergebnis, daß ein 70 kg schwerer Kraftsportler maximal 70 g Eiweiß pro Tag benötigt. Selbst diese Eiweißwerte sind also mit einer normalen Ernährung zu erreichen.
Also nochmals, eine durchschnittliche, ausgewogene und vollwertige Ernährung, die weniger Fleisch enthalten kann, reicht völlig aus. Spitzensportler, insbesondere die der Ausdauersportarten wie Mittel- und Langstreckenlauf, Rudern, Boxen, Tennis, Schwimmen, ja selbst die Könige der Landstraße, die Radfahrer, verzichten mittlerweile darauf, vor den Wettbewerben mehrere Steaks zu verdrücken.
Gut beraten sind Sie hingegen, wenn Sie vor allen Dingen die Nahrungsbestandteile zu sich nehmen, die die Natur speziell für den Energienachschub vorgesehen hat, und das sind die Kohlenhydrate.

Kohlenhydrate: Kraftstoff pur

Ohne Kohlenhydrate keine Spitzenleistungen – Profisportler arbeiten deshalb hart, um die Reserven zu vergrößern. In unserem Körper werden Kohlenhydrate nicht direkt, sondern umgewandelt in Glycogen gespeichert. Die Leber und vor allem die Muskulatur sind unsere Glycogenspeicher-Organe. Ausdauertraining, aber auch eine kohlenhydratreiche Ernährung sorgen dafür, daß diese Speicher immer ausreichend gefüllt sind.
Leider reichen aber Kohlenhydrate zur Energiebereitstellung nie länger als etwa eine Stunde. Spätestens dann schaltet der Körper vor allem auf den Fettstoffwechsel, aber auch auf Eiweißverbrennung um. Bei gut trainierten Sportlern gelingt diese Umstellung reibungslos, deshalb können sie

gleichmäßige Leistungen erbringen. Freizeitsportler haben da schon größere Schwierigkeiten. Dies offenbart sich in Leistungseinbrüchen. Doch die Energiegewinnung aus Kohlenhydraten bricht nie ganz ab, und das hat im wesentlichen zwei Gründe. Zum einen benötigen Hirn und Nerven im Gegensatz zu den Muskeln unbedingt Energie in Form von Glucose, die aus Glycogen gewonnen wird, zum anderen werden Kohlenhydrate auch direkt für den Fettstoffwechsel gebraucht.

Nur mit einer intakten Kohlenhydratverwertung kann der durchtrainierte Marathonläufer mit einem Sprint ins Ziel laufen. Denn Hochleistungen, wie etwa ein Schlußsprint, gelingen nur mit diesem Kraftstoff. Der weniger gut trainierte Sportler schleppt sich am Ende der Strecke ins Ziel, die Glycogenspeicher sind bei ihm längst leergelaufen.

Zu den wichtigsten Kohlenhydraten gehören Zucker und Stärke. Aber zu hoher Zuckerkonsum hat bekanntermaßen negative Nebenwirkungen. Fast alle Ernährungsexperten sind sich einig, daß mit Limonaden, Cola, zuckerstrotzendem Ketchup, Kakaogetränken, Gebäck, Plätzchen, Kuchen, Marmeladen, Nuß-Nougat-Cremes oder Schokoladen das Maß bereits mehr als voll ist. Im Durchschnitt nehmen wir so rund 100 g reinsten Zucker pro Tag und Kopf auf.

Abgesehen von Karies und Verdauungsstörungen sorgt der Zucker zudem in hohem Maße dafür, daß wir zunehmen, denn jede nicht vom Körper kurzfristig verbrannte Zuckerkalorie wird unweigerlich im Fettdepot abgelegt. 10 g Zucker, also 2½ Zuckerwürfel oder zwei durchschnittliche Bonbons, enthalten 40 Kilokalorien. Sie

Abb. 1: Um überzählige Kalorien abzutrainieren, müssen Sie sich schon ordentlich anstrengen.

können auf Anhieb im Körper in 4 g Fett verwandelt werden. So wachsen die Fettröllchen stetig an. Es sei denn, Sie verbrauchen den Zucker sofort durch sportliche Betätigung oder körperliche Arbeit. Aber wie Sie in *Abbildung 1* sehen, kann dies in Arbeit ausarten:

In einer halben Stunde Joggen oder Dauerlauf werden ca. 400 bis 500 Kilokalorien verbrannt. Eine halbe Stunde Schwimmen oder Skilanglaufen baut nur noch 300–400 kcal ab. Beim Tennis verlieren Sie nur 250–300 kcal, beim Aerobic – je nach Intensität – ca. 300 kcal. Beim Fußball auf Amateurniveau kicken Sie in einer halben Stunde, wenn Sie ehrgeizig sind, ca. 300–320 kcal weg. Beim Rudern entledigen Sie sich 250–300 kcal und beim Radfahren mit dem Touringrad auf einer weitestgehend ebenen Straße oder mit dem Radtrainer bei einer Leistung zwischen 100 und 120 Watt ca. 200–250 kcal. Sie sehen, wie hoch der Aufwand und wie relativ gering der Erfolg ist.

Also: Zucker, auch den so häufig als Energielieferanten apostrophierten Traubenzucker, brauchen Durchschnittssportler nicht. Wenn Sie glauben, vor sportlichen Leistungen unbedingt etwas für Ihre Energiereserven tun zu müssen, empfehlen wir Ihnen, dies möglichst mit stärkehaltigen Nahrungsmitteln zu tun. Das Kohlenhydrat Stärke besteht auch aus Glukose, d. h. aus Traubenzuckerbausteinen, die aber im Gegensatz zum einfachen Zucker wie an einer Kette aneinandergereiht sind. Ein Stärkemolekül setzt sich aus ca. 200–400 Bausteinen zusammen. Der Vorteil: Der Körper muß

diese Glukosebausteine zunächst trennen, und das braucht Zeit. Er wird deshalb von einem Insulinschub verschont, der stets einen Streßfaktor darstellt, auch für Menschen, die nicht unter der Zuckerkrankheit leiden. Radprofis, die regelmäßig größere Touren fahren, kennen diese Zusammenhänge sehr genau. Sie hüten sich, vor dem Start zu viel zuckerhaltige Nahrungsmittel zu sich zu nehmen, statt dessen stehen häufig Nudeln auf ihrem Speisezettel.
Vollkornnudeln haben den zusätzlichen Vorteil, daß sie genügend Ballaststoffe enthalten, die zusätzlich den Übergang der Glukose in die Blutbahn verzögern können.

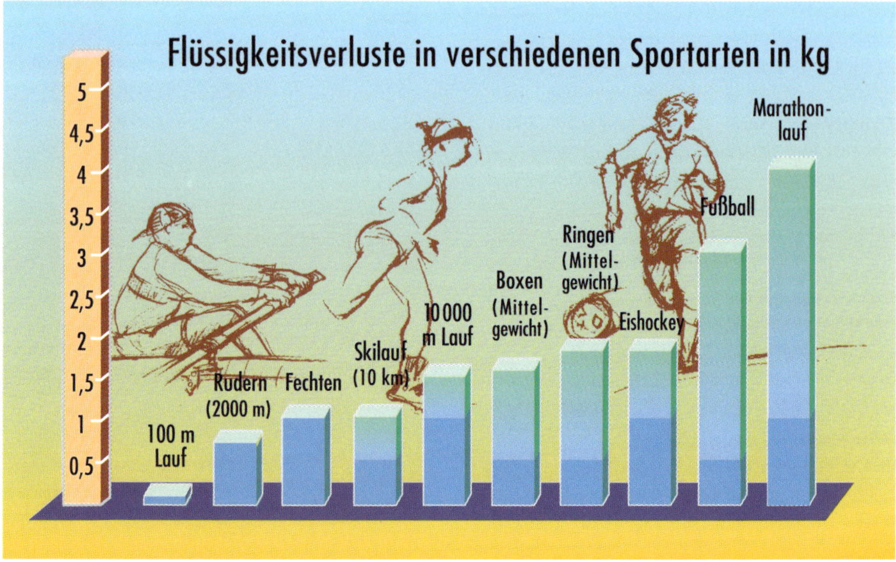

Abb. 2: Die Balken zeigen jeweils den Mindest- und den Höchstwert an.

Auf die Flüssigkeit kommt es an

Es gibt wohl keinen Sport, der dem Körper so viel abverlangt wie das Radrennfahren auf langen Etappen. Also muß zwischendurch nachgetankt werden, vor allem in Form von Getränken. Dabei muß vor allem das Wasser, das durch den Schweiß verlorengegangen ist, ersetzt werden, während man bei sportlichen Aktivitäten, die unter ein bis zwei Stunden liegen, keinerlei Kohlenhydrate in Form von Trauben- oder Fruchtzucker benötigt. Schon daran sieht man, daß das richtige Trinken beim Sport von größerer Bedeutung ist als richtiges Essen. Der Mensch braucht grundsätzlich eine ausreichende Wasserversorgung: Pro Tag sind das bei leichter Arbeit, also z. B. im Büro, 2–3 Liter, das Wasser in der Suppe mitgerechnet.

Selbstverständlich steigt der Bedarf, wenn man kräftig schwitzt, was ja beim Sport der Fall ist. Je nach Außentemperatur kann ein Radfahrer oder ein Dauerläufer mehr als ein Liter Schweiß pro Stunde verlieren. Bei einer längeren Bergetappe schwitzen Radprofis bis zu zehn Liter aus. Wenn dieses Wasser nicht permanent nachgeführt würde, erlitten sie recht bald einen möglicherweise tödlichen Kollaps. Die Gefährdung rührt daher, daß zunehmender Flüssigkeitsverlust eine Bluteindickung und damit Durchblutungsstörungen in den feinsten Blutgefäßen zur Folge hat. Es entsteht die Gefahr von Blutgerinnseln, die die Adern verstopfen.
Mit jedem Liter Schweiß werden jedoch auch Mineralstoffe, ca. 2 g Natriumchlorid, d. h. Kochsalz, sowie 0,3 g Kalium, ganz geringe Mengen Calcium und noch weniger Magnesium ausgeschieden. Und weil jeder weiß, wie wichtig Mineralstoffe für uns sind und wir uns unsere Gesundheit gerne etwas kosten lassen, hat sich die Sportgetränkeindustrie dieses Allgemeinwissen zunutze gemacht. Pro Jahr werden in der Bundesrepublik ca. 250 Millionen Mark für isotonische bzw. spezielle Sportlergetränke ausgegeben. Wenn Spitzensportler bei Fernsehübertragungen diese Getränke demonstrativ schlürfen, dann wissen sie warum: Es winken hohe Werbegelder. Die meisten Profis wissen aber, daß der hohe Zuckergehalt in diesen Getränken gar nicht leistungssteigernd wirkt, sondern durch das überschießende Insulin eher eine Belastung darstellt. Deshalb befindet sich in ihren Getränkedosen häufig

gar nicht das, was das Etikett dem Fernsehzuschauer glauben macht.
Es lohnt sich, einmal etwas genauer hinzuschauen. Da können Sie beispielsweise auf solchen Getränkedosen lesen: „Das Produkt ist isotonisch, weil es gleich viele gelöste Teilchen enthält wie die Flüssigkeit des menschlichen Körpers." Was aber ist eigentlich mit den Flüssigkeiten gemeint? Ist es das Blut oder die Lymphe oder der Schweiß? Wenn in diesen Getränken so viel Salz wie im Blut enthalten wäre, dann würde es viel zu salzig schmecken. Eine derart salzige Brühe könnte man einem Normalverbraucher als gern gesehenem Käufer nicht andienen. Statt Salz wird einfach Zucker hinzugefügt, und der Verbraucher fällt in Ermangelung besserer Aufklärung darauf herein.
Deshalb hier ein paar Tips, deren Befolgung nicht nur erheblich preiswerter, sondern auch gesünder ist: Kochsalz braucht der Durchschnittssportler seinem Körper über Getränke überhaupt nicht zuzuführen. In der Regel nehmen wir mit den Mahlzeiten überdies viel zu viel zu uns. Der Kaliumverlust über den Schweiß ist auch relativ gering. Wenn Sie ihn dennoch ausgleichen wollen, so empfehlen wir den Verzehr von Bananen. In einem kleinen Stückchen, nicht schwerer als 15 g, ist mehr Kalium enthalten als in einer duchschnittlichen Getränkedose. Also nehmen Sie eine Banane mit zum Sport: Die liefert Kalium im Überfluß.
Um den Bedarf an übrigen Mineralien zu decken, reicht ein mit Käse belegtes Brötchen, das viel mehr Calcium und Magnesium liefert als in zwei Stunden durch Schwitzen bei kräftigem Sport ausgeschieden werden kann. Das gilt übrigens auch für alle anderen im Schweiß enthaltenen Substanzen wie Kochsalz, Eisen, Zink oder Phosphor. Das Problem der Mineralienzufuhr ist also leicht zu lösen, bleibt noch der Ausgleich des Flüssigkeitsverlustes. Der ist mit normalem Wasser recht einfach herzustellen. Dabei muß es nicht einmal Mineralwasser sein, Trinkwasser aus dem Wasserhahn reicht völlig aus. Wenn dieses Wasser „hart" ist, dann enthält es fast genausoviel Calcium und Magnesium wie so manches teure Mineralwasser. Wenn Sie es eher etwas aufwendiger, leckerer oder extravaganter mögen oder wenn Sie gleichzeitig noch ein paar Kalorien, Vitamine und Mineralstoffe aufnehmen möchten, schauen Sie doch in den nachfolgenden Getränkerezepten nach. Wir sind sicher, daß jede Sportlerkehle dort den richtigen Durstlöscher findet.
An dieser Stelle noch ein paar Informationen zu den auf den Markt drängenden „Energy-Drinks". Beworben werden diese Getränke mit haltlosen Versprechen wie „Schwingen für Körper und Geist; Rasche Erlösung von der Schadstofflast und neue Power für Kreislauf und Nerven". Die berühmtesten unter diesen Getränken schimpfen sich „Red Bull" und „Flying Horse". Diese Produkte enthalten Zucker und Koffein, aber auch Stoffe, die selbst Wissenschaftler aufhorchen lassen, z.B. Taurin, Glucuronolacton und Inosit. Wir haben uns bei der Gießener Ernährungswissenschaftlerin Professor Hannelore Daniel etwas genauer informiert. Sie zeigt sich zerknirscht, denn diese Getränke seien wieder einmal ein Beispiel für das Vorpreschen der Industrie. Kombinationen von Inhaltsstoffen, so wie sie in diesen Getränken enthalten sind, habe es bisher noch nicht gegeben. Schon deshalb könne man heute noch gar nicht genau sagen, welche Wirkung dieses Gebräu auf unseren Körper habe. Klar scheint jedoch zu sein, daß weder Sportler noch Ottonormalbürger diese Getränke benötigen.

Abb. 3: Gleichen Sie den Flüssigkeitsverlust beim Sport mit einem kühlen Wasser aus.

Abschließend möchten wir Ihnen noch einige generelle Richtlinien zur richtigen Sportlerernährung mit auf den Weg geben:

- Bisher ist für keinen lebensnotwendigen Nährstoff ein übermäßig erhöhter Bedarf bei Sportlern festgestellt worden. Deshalb ist eine ausgewogene Mischkost genau das richtige für Sportler. Da Sportler mehr Kalorien verbrennen als Nichtsportler, nehmen sie über den höheren Nahrungsmittelverzehr automatisch auch mehr der wichtigen Nährstoffe, wie Mineralstoffe, Vitamine oder Eiweiß, zu sich.

- Achten Sie auf eine ausreichende Zufuhr von Kohlenhydraten, deshalb gehören Brot, Reis, Nudeln, Kartoffeln, aber auch Gemüse und Obst reichlich auf den Tisch.
- Kohlenhydrate sind für den Sportler immens wichtig, da der Körper Kohlenhydrate schneller in Energie umsetzen kann als Fett; da Spitzenleistungen, wie z.B. ein Sprint am Ende einer Marathonstrecke, nur mit Kohlenhydratreserven zu meistern sind.
- Etwa eine halbe bis zwei Stunden vor der sportlichen Betätigung sollte noch ein kohlenhydratreicher Imbiß eingenommen werden. Neben dem quälenden Hungergefühl wird damit vor allem einem zu stark absinkenden Blutzuckerspiegel vorgebeugt. Essen Sie ganz nach Ihrem Geschmack; eine Banane, ein Müsli oder ein Vollkornbrot mit Käse sind sehr zu empfehlen.
- Kurz vor dem Start keine Süßigkeiten essen, denn diese treiben den Insulinspiegel in die Höhe und die besten Leistungsreserven, die Gycogenspeicher, werden dadurch vorschnell entleert.
- Trinken Sie ausreichend. Als Richtlinie gelten zwei Liter pro Tag und für jede Stunde Sport noch ein Liter zusätzlich.
- Bei langandauernder Belastung über mehr als zwei bis drei Stunden sollten besonders Freizeitsportler auf eine ausreichende Zufuhr von Flüssigkeit und Kohlenhydraten achten. Deshalb in solchen Fällen auch zwischendurch auftanken: Wir empfehlen Bananen, Trockenobst, Müsliriegel, Fruchtschnitten oder Vollkornkekse als Snack und entsprechende Getränkemengen. Colagetränke und Limonaden sind wegen des zu hohen Zuckergehaltes zu meiden.
- Kurz vor dem Sport können Sie noch kleinere Getränkemengen aufnehmen. Sie sollten jedoch 200 ml, das ist die Menge eines durchschnittlichen Trinkglases, nicht überschreiten.
- Mineralwässer sind besonders geeignet, wenn Sie viel Magnesium (Mg > 100 mg/l), wenig Natrium (Na < 150 mg/l) sowie Calcium und Magnesium in einem guten Verhältnis (Ca:Mg > 3:1) enthalten.
- Einen einfachen Sportlerdrink können Sie sich ganz einfach selbst mixen: Auf drei bis fünf Teile Obst- oder Gemüsesaft, z.B. Apfelsaft, geben Sie ein Teil Mineralwasser. Mit dieser Mischung stellen Sie jedes teure Sportlergetränk aus der Dose in den Schatten.

Viel hilft viel: Getränke vor, bei und nach dem Sport

Refiller

100 ml	Karottensaft
100 ml	Apfelsaft (oder 1 Meßl. Frusip Apfel und 100 ml Wasser)
100 g	Joghurt
50 g	Macadamia-Nüsse
1 EL	Honig oder 1 EL Apfelsüße HT
1 EL	Zitronensaft

Zunächst die Macadamia-Nüsse in einen Universalmixer oder in eine alte Kaffeemühle mit Schlagmesser geben und fein zerkleinern. Dann alle übrigen Zutaten zusammen mit dem Macadamia-Grieß verquirlen.

Abb. 4: Refiller

Refiller eignet sich besonders nach dem Sport, um dem Körper die verbrauchte Flüssigkeit, aber auch Kalorien, Mineralstoffe und Vitamine lecker verpackt zurückzugeben.

Fresh up

100 g	Orangensaft
70 g	Eiswürfel
½	Salatgurke
50 g	Joghurt
½ EL	Zitronensaft

Salatgurke schälen, klein schneiden und zusammen mit den übrigen Zutaten in einen Universalmixer geben.
Fresh up schmeckt besonders gut nach einem anstrengenden Läufchen oder nach einer langen Radtour.

Fresh up spezial

100 ml	kohlensäurehaltiges Wasser
1 Meßl.	Frusip Orange
70 g	Eiswürfel
½	Salatgurke
50 g	Joghurt
1 Tablette	Lightsüß HT
	Saft einer halben Zitrone
½ TL	Salz
¼ TL	schwarzer Pfeffer
4 Tropfen	Tabasco

Zubereitung wie oben.

Cooler

100 ml	Stilles Mineralwasser
50 ml	Orangensaft
50 g	Eiswürfel
1 Scheibe	frische Ananas
1–2 Bällchen	Vanilleeis

Zutaten in den Universalmixer geben, gut verquirlen.
Mit einem dicken Strohhalm in einem großen Glas servieren. Schmeckt besonders im Sommer, wenn die heißen Temperaturen Sie nach dem Sport nicht mehr abkühlen lassen.

Cooler spezial

200 ml	Milch
2 Meßl.	Frusip Orange
2 Meßl.	Frusip Ananas
50 g	Eiswürfel
2 Bällchen	Vanilleeis
2 Tabletten	Lightsüß HT

Zubereitung wie Cooler.

Stopper

150 ml	Stilles Wasser
100 ml	Apfelsaft
50 ml	Traubensaft

Alle Zutaten zusammengeben, umrühren, fertig. Eignet sich gut zum Durstlöschen zwischendurch.

Stopper spezial

300 ml	kohlensäurehaltiges Wasser
2 Meßl.	Frusip Apfel
2 Meßl.	Frusip Guave
2 Tabletten	Lightsüß HT
	Saft einer halben Zitrone

Zubereitung wie oben.

Jogger

½	Banane, klein geschnitten
100 ml	Kefir
50 ml	Birnensaft
50 ml	Milch
4 EL	Sanddornsaft

Zutaten im Universalmixer verquirlen.

Jogger spezial

150 ml	Kefir
150 ml	Milch
2 Meßl.	Frusip Banane
2 Meßl.	Frusip Himbeere
1 Tablette	Lightsüß HT

Zubereitung wie oben.

Jumper

100 ml	Sauerkrautsaft
	Saft einer Orange oder 100 ml Stilles Mineralwasser und 1 Meßl. Frusip Orange
1 TL	Honig oder
	1 Tablette Lightsüß HT

Alle Zutaten in ein großes Trinkglas geben und gut umrühren. Jumper bringt Sie garantiert wieder auf Trab.

Diver

300 ml	Hagebuttentee
100 ml	Traubensaft oder
	3 Meßl. Frusip Guave
5 g	Apfel-Weizen-Ballast HT
1 EL	Quark
1 TL	Honig oder
	3 TL Apfelsüße HT oder
	2 Tabletten Lightsüß HT

Kochen Sie zunächst von etwa 300 ml Wasser einen Hagebuttentee. Wenn er abgekühlt ist, geben Sie in ein großes Trinkglas zunächst Apfel-Weizen-Ballast HT und gießen dann unter Umrühren den Tee hinzu. Anschließend die übrigen Zutaten hineingeben und weiter gut quirlen.
Tip: Eisgekühlt schmeckt Diver auch als Sommerdrink köstlich.

Abb. 5: Bubble Drink

Bubble Drink

150 ml	Malventee
150 ml	kohlensäurehaltiges Mineralwasser
1–2 TL	Frusip Himbeere
1 EL	Zitrone
1 TL	Xylit

Den Tee zubereiten, abkühlen lassen und dann mit den übrigen Zutaten verquirlen, fertig.
Bubble Drink ist ein erfrischender Durstlöscher nach dem Sport.

Starter

150 ml	Schwarzer Tee
150 ml	Apfelsaft
1 Msp.	Multivitaminpulver HT
	Süßstoff nach Geschmack, z. B. Lightsüß HT

Tee zubereiten, abkühlen lassen, Apfelsaft, Süßstoff und Multivitaminpulver hinzugeben, umrühren, fertig.
Eignet sich besonders gut als Erfrischungsgetränk vor oder während des Sports.

Feel Wet

150 ml	Mineralwasser
½	Gurke
⅛	Honigmelone
1–2 TL	Frusip Ananas

Honigmelone und Gurke schälen und in kleine Stücke schneiden. Zusammen mit den übrigen Zutaten in einen Universalmixer geben, gut verquirlen, fertig.

Power Maker

200 ml	Sojamilch
2 Kugeln	Vanilleeis
½	Avocado
1½ EL	Zitrone
4 g	Multimineralpulver HT Super
1 Schlag	Sahne
1 Prise	Zimt

Sojamilch, Zitrone, Multimineralpulver und das Fleisch einer halben Avocado ohne Schale in einen Mixer geben. Das Mixgetränk anschließend in ein großes Glas überschütten, die Vanilleeis-Bällchen hineingeben und mit einem Schlag Sahne sowie einer Prise Zimt garnieren. Mit einem Strohhalm und einem Longdrinklöffel servieren.
Power Maker enthält viel Gesundheit und schmeckt nach mehr.
Tip: Sojamilch läßt sich auch selbst herstellen (vgl. *Seite 73*).

Abb. 6: Power Maker

Biker

150 ml	Buttermilch
150 ml	Kirschsaft
1 Msp.	Multivitaminpulver HT

Zutaten in ein großes Longdrinkglas geben, umrühren, fertig.

Feel Good

1 TL	löslicher Kaffee
200 ml	Milch
50 ml	Leitungswasser
50 ml	Sahne
50 g	Macadamia-Nüsse
1–2 TL	Zucker

Zunächst den löslichen Kaffee in dem Wasser auflösen. Dann nach und nach

Abb. 7: Feel Good

die Zutaten hinzufügen und gut umrühren. Die Nüsse werden vorher fein zermahlen, z. B. in einer alten Kaffeemühle mit Schlagmessern.

Roter Renner

½	Salatgurke
150 ml	Tomatensaft
50 ml	Kefir
1 EL	Olivenöl
1	Spritzer Tabasco
1 TL	Xylit
	Salz
	Pfeffer

Zutaten zusammengeben, gut mixen, fertig.
Ein besonderes Getränk für Menschen mit Sinn für ausgefallenen Geschmack.

Monaco à la Hobbythek

0,33 l	alkoholfreies Bier
2 TL	Frusip Cassis
1–2 Tabletten	Lightsüß HT

Bestellt man in Südfrankreich einen Monaco, so bekommt man ein köstlich schmeckendes Biergetränk mit einem guten Schuß Creme de Cassis, einem Likör aus Schwarzer Johannisbeere. Inspiriert von diesem Getränk haben wir für Sie sozusagen einen „sportlichen Monaco" kreiert. Er eignet sich vor allem als Durstlöscher nach einem anstrengenden Sportnachmittag.

Abb. 8: Monaco à la Hobbythek

Radler – alkoholfrei

0,25 l	alkoholfreies Bier
200 ml	Mineralwasser
3 TL	Frusip Zitrone
	Apfelsüße HT
	nach Geschmack

Klar schmeckt ein richtiger Radler immer gut, aber wir wollten Ihnen einen alkoholfreien Radler präsentieren. Herausgekommen ist ein erfrischendes Getränk, das nach dem sportlichen Einsatz hervorragend den Durst löscht und auch auf einer Party gut ankommt.

Abb. 9: Alkoholfreier Obstler

Alkoholfreier Obstler

½	Banane
½	Apfel
100 ml	Milch
2 EL	Joghurt
1 EL	Zitrone

Banane und Apfel schälen und in kleine Stücke schneiden. Zusammen mit den übrigen Zutaten in einen Universalmixer geben, gut verquirlen. Fertig.
Ideal als letzte Mahlzeit vor dem Sport, aber auch als erste Stärkung nach dem großen Einsatz.

Macadamia-Power-Shake

¼ l	Milch
50 g	Macadamia
½	Banane
2 gestr. TL	Multipekt plus Lecithin
1 Msp.	Multivitaminpulver HT
1 Meßl.	Multimineralpulver HT Super
1 TL	Zucker oder Xylit oder 2 Tabletten Lightsüß HT
2 Spritzer	Zitrone
100 g	Eiswürfel

Zutaten in den Mixer geben, gut verquirlen, fertig!

Sportler-Getränk

125 ml	Sahne
50 g	Cashew
4 gestr. TL	Multipekt plus Lecithin
½	Banane
200 g	Eiswürfel
1 Msp.	Multivitaminpulver HT

Zubereitung wie oben.

Kohlenhydratreiche Speisen für Muskeln und Kondition

Pasta exotica
(für 2 Personen)

90 g	Macadamia oder Cashew
2	Frühlingszwiebeln (ca. 80 g)
1 EL	Distelöl oder Olivenöl
200 g	Champignons
½ Tasse	Orangensaft (100 ml)
9 EL	süße Sahne
200 g	Vollkornspaghetti
1 EL	Sojasauce
2 Spritzer	Tabasco
1 Prise	Cayenne-Pfeffer
20 g	Parmesan
	nach Belieben mit Basilikum dekorieren

Nüsse grob hacken und in einer Pfanne ohne Fett kurz anrösten. Nüsse wieder herausnehmen und zur Seite stellen.
Frühlingszwiebeln und Champignons putzen und in kleine Stücke schneiden. Anschließend Öl in eine Pfanne geben und die Frühlingszwiebeln bei mittlerer Hitze andünsten. Champignons, die Hälfte der angerösteten Nüsse und Orangensaft hinzufügen.
Topfwasser zum Kochen bringen und die Nudeln hineingeben.
Sahne unter das Gemüse rühren und mit gepreßtem Knoblauch, Sojasauce, Tabasco und Cayenne-Pfeffer abschmecken.
Bißfeste Nudeln abgießen und auf zwei Teller verteilen. Die Gemüsesauce auf die Nudeln geben, mit Parmesankäse und den restlichen gerösteten Nüssen dekorativ anrichten.

Abb. 10: Pasta exotica

Abb. 11: Kartoffel-Gnocchi

Kartoffel-Gnocchi
(für 5 Personen)
Dieses Gericht ist besonders kohlenhydratreich.

600 g	mehlige Kartoffeln
1–2	Eier
	Jodsalz, Pfeffer, Muskatnuß
115 g	Weizenvollkornmehl
250 ml	Tomatensauce
50 g	Parmesan
50 g	Butter

Kartoffeln gut säubern und kochen, heiß schälen und mit Hilfe einer Kartoffelpresse passieren. Die Eier untermischen, mit den Gewürzen abschmecken und etwas abkühlen lassen. Das Mehl unter die fast kalte Masse mischen, die trocken und etwas zäh werden soll. Nußgroße Kugeln formen, über eine Speisegabel abrollen und 5 Minuten in Salzwasser pochieren. Gebutterte Gratinplatte mit Tomatensauce ausgießen, die abgetropften Gnocchi darauf geben.
Mit Parmesan gratinieren, das heißt bei 250 °C im Backofen überbacken, bis der Käse leicht bräunt.
Edlere Variante: Eine Mischung aus 100 g Parmesan, 100 ml Sahne, 100 ml Milch, gehacktem Salbei und zerkleinerten Steinpilzen herstellen. Gnocchi damit gratinieren.

Tip: Die Gnocchis nach dem Formen auf gebuttertes Pergamentpapier ablegen und später auf dem Papier ins Wasser geben. Wenn sich die Knödel durch die schmelzende Butter lösen, Papier wieder herausziehen. So haben Teigwaren alle die gleiche Garzeit.
Mehlige Spätkartoffeln verwenden. Wasser beim Garen nie kochen lassen, sonst zerfallen die Gnocchis.

Exotische Hühnerpfanne
(für 4 Personen)

200 g	Zwiebeln
1 EL	Olivenöl
600 g	Hähnchenbrustfilet
1 TL	Curry
150 g	Magerjoghurt
	etwas Mango-Chutney
100 g	Bananen
100 g	Pfirsiche
100 g	Aprikosen
100 g	Stachelbeeren
300 g	Vollkornreis

Reis in der doppelten Menge Wasser garen.
Zwiebeln in Würfel schneiden, im Olivenöl in der Pfanne anschwitzen. Geflügel in Streifen schneiden, mit Salz und Pfeffer würzen, zu den Zwiebeln geben und kurz anbraten.
Das gesäuberte, entkernte und zerkleinerte Obst (Stachelbeeren ganz lassen) zu dem Fleisch geben. Curry darüber stäuben und kurze Zeit auf niedriger Flamme mitgaren. Eventuell mit Fruchtsaft angießen (mit Aprikosen- oder Pfirsichsaft, aber höchstens 50 ml). Den Joghurt unterrühren und noch etwa 8 Minuten garen lassen. Mit Mango-Chutney abschmecken. Im Reisbett servieren.

Warmer Lachssalat

(für 4 Personen)

500 g	Kartoffeln (festkochend)
2	kleine Zwiebeln
3 EL	Essig
2 EL	Öl
1 TL	Meerrettich
200 ml	Brühe
400 g	Spargel (grüner und weißer, geschält)
200 g	Räucherlachs
	Salz, Pfeffer, Zucker
1 Bund	Dill

Kartoffeln in Salzwasser kochen, abdampfen lassen und pellen.
Spargel kochen (in das Kochwasser etwas Butter, Zitrone und Salz geben. Das Spargelwasser kann aufgehoben werden und zu Spargelcreme weiterverarbeitet werden). Vorsicht, der grüne Spargel hat eine kürzere Gardauer, etwa 7 bis 10 Minuten nach dem weißen Spargel zugeben. Beide Spargelsorten sollten noch Biß haben.
Kartoffeln und Spargel in Scheiben schneiden, beim Spargel die Spitzen zum Garnieren aufheben. Zwiebeln würfeln, in Öl leicht andünsten, mit der Brühe ablöschen, mit Essig, Senf, Meerrettich und den Gewürzen abschmecken, dann über die Kartoffeln und den Spargel geben.
Lachs in Streifen schneiden und vorsichtig unterheben. Den fertigen Salat mit Spargelspitzen und Dillfähnchen garnieren. Lauwarm servieren.

Fischlasagne

(für 4 Personen)

300 g	Blattspinat
200 g	Heilbutt
30 g	Butter
40 g	Weizenvollkornmehl
½ l	Milch
3 EL	Weißwein
250 g	Gouda (gerieben)
250 g	Lasagneplatten
	Salz, Pfeffer, Muskatnuß
2	Knoblauchzehen (fein gehackt)
1	Schalotte

Für die Sauce: Butter schmelzen lassen, Mehl einrühren, warten, bis das Mehl Bläschen wirft, mit Weißwein ablöschen, unter Rühren Milch hinzugeben, einmal aufkochen lassen, mit Salz, Pfeffer und Muskatnuß abschmecken.
Spinat entweder langsam auftauen lassen (falls Sie tiefgefrorenen verwenden), oder frische Blätter säubern. Schalotte schälen und fein würfeln, in eine Pfanne geben, anschwitzen, bis sie glasig werden, gewürfelten Knoblauch hinzugeben, kurz mitschwitzen, dann den Spinat hinzugeben. Wenn Sie frischen Blattspinat verwenden, etwas Flüssigkeit angießen. Etwa 5 Minuten dünsten.
Heilbutt in feine Streifen schneiden.
Gefettete Auflaufform in folgender Reihenfolge füllen: Lasagneplatten, Spinat, Heilbutt, Sauce, Käse, solange bis die Zutaten aufgebraucht sind. Die oberste Schicht soll aus einer Lasagneplatte, etwas Sauce und dem restlichen Käse bestehen.
Im vorgeheizten Backofen bei 200 °C etwa 45 Minuten backen. Eventuell abdecken, damit die Käseschicht nicht zu braun wird.
Bei selbstgemachten Lasagneplatten verkürzt sich die Backzeit auf etwa 20 Minuten.
Tip: Für einen festlichen Anlaß können Sie die Fischlasagne wunderbar mit edler Seezunge oder auch Zucker aufpeppen.

Natürlich sind Salate für Sportler ein absolutes Muß. Um Ihnen für Ihr Dressing etwas Abwechslung zu ermöglichen, hier eine exotische Variante.

Ingwer-Curry-Dressing

(für 4 Personen)

2 Becher	Sahnejoghurt (à 150 g)
1 TL	Ingwerpulver
2 TL	Currypulver
1 TL	gemahlener Koriander
2 TL	Honig
2 TL	Dijonsenf
1 Prise	Salz
1 Prise	Zimt

Alle Zutaten in der Küchenmaschine oder mit dem Pürierstab des Handrührgerätes pürieren.
Tip: Dieses Gericht eignet sich mit etwas Brot auch als Vorspeise.

Herzgesunde Kost: Fettiges Blut - nein danke!

Mehr als die Hälfte aller Europäer haben zuviel Fett im Blut – eine heimtückische Angelegenheit, denn unser Körper kennt für diesen Befund keine Alarmsignale. Erst nach langer Zeit können zu hohe Blutfettwerte zu Erkrankungen führen. Zunächst lagern sich die Fette an den Gefäßwänden ab, eine Verkalkung entsteht – Fachleute sprechen von Arteriosklerose.
Wird dieser Prozeß nicht gestoppt, verengen`sich die Gefäße mehr und mehr, bis schließlich nur noch wenig oder gar kein Blut mehr durch die Adern fließen kann. Wichtige Organe wie das Gehirn oder das Herz können dadurch von der Sauerstoff- und Nährstoffzufuhr abgeschnitten werden. Die Folgen können Herzinfarkt und Schlaganfall sein.
Erkrankungen des Fettstoffwechsels, in der Fachsprache Hyperlipidämien genannt, sind bei genauerem Hinsehen aber sehr unterschiedlich. Deshalb ist jeder Patient gut beraten, wenn er den Empfehlungen seines Arztes folgt. Nur er weiß, welche Behandlung für ihn am sinnvollsten ist.
In der Regel erkrankt man an einer Hyperlipidämie, wenn man sich über einen langen Zeitraum zu fett und zu kalorienreich ernährt. Der Anteil von zwei Fettarten wird durch eine solche Ernährung erhöht: die Neutralfette, auch Triglyceride genannnt, und das Cholesterin. Erhöhte Werte von Neutralfetten entstehen, wenn unserem Körper konstant überschüssige Kalorien zugeführt werden. Diese Kalorien werden in Neutralfette umgewandelt und als solche gespeichert. Erhöhte Cholesterinwerte entstehen, wenn dem Körper konstant zuviel Fett zugeführt wird. Hat Ihr Arzt bei Ihnen bereits einen erhöhten Cholesterinspiegel diagnostiziert, dann sollten Sie täglich höchstens nur noch 300 mg Cholesterin aufnehmen.

Zu hoher Cholesterinspiegel – Was tun?

Zu hohe Triglycerid- und Cholesterinwerte im Blut können mit einer entsprechend disziplinierten Ernährung in der Regel wieder gesenkt werden. Der Speiseplan muß deshalb weder fade noch eintönig sein. Wir hoffen, daß wir diesen Beweis mit den Rezepten im Anschluß an dieses Kapitel antreten können.
Falls auch Sie einen zu hohen Cholesterinspiegel haben, so zählen wahrscheinlich auch Sie zu den Menschen, die durch widersprüchliche Informationen hinlänglich irritiert sind. Ihr Arzt hat Ihnen vormittags womöglich eine Strafpredigt über Ihren gedankenlosen Konsum von Schweinshaxen und Käse-Sahne-Saucen gehalten, und mittags lesen Sie schwarz auf weiß in der Zeitung, daß ein hoher Cholesterinspiegel gar nicht so schlimm sei.
Um etwas Klarheit in das Durcheinander dieser Informationen und Desinformationen zu bringen, möchten wir den bisherigen Erkenntnisstand einmal zusammenfassend darstellen:

- Heute ist unter Wissenschaftlern unbestritten, daß eine hohe Cholesterinkonzentration im Blut sowohl die Arteriosklerose als auch den Herzinfarkt fördert.
- Aus weltweiten vergleichenden Untersuchungen ergibt sich, daß in den Ländern, in denen besonders viele Menschen mit einem erhöhten Cholesterinspiegel (über 250 mg) leben, die Herzinfarkt-Todesrate besonders hoch ist. Gleichzeitig hat man festgestellt, daß die Mitglieder von Volksgruppen, die statistisch ein hohes Risiko tragen, an einem Herzinfarkt zu sterben, auch wesentlich mehr Fett essen.
- Ob der Mensch an Arteriosklerose erkrankt, hängt von vielen Faktoren ab. Die wichtigsten Risikofaktoren sind ein erhöhter Cholesterinspiegel, Rauchen und Bluthochdruck,

aber auch Diabetes, Übergewicht und eine schon bestehende Gefäßerkrankung.

– Man unterscheidet zwischen HDL-Cholesterin und LDL-Cholesterin. Das LDL-Cholesterin ist das schädliche Cholesterin und verantwortlich für die Schäden in den Gefäßen. Das HDL-Cholesterin hingegen ist unschädlich. Wenn der Anteil von HDL-Cholesterin hoch ist, so kann es die negativen Wirkungen des LDL-Cholesterins auffangen. In *Abbildung 1*, die auf den Ergebnissen einer langjährigen Studie an 55 Männern basiert, lassen sich diese Zusammenhänge sehr gut ablesen:

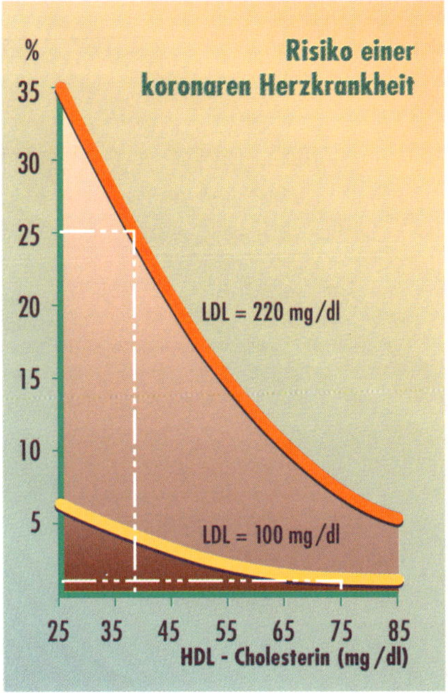

Abb. 1: Ergebnisse einer Untersuchung, die über vier Jahre durchgeführt wurde.

Auf der senkrechten Achse ist die Risikorate einer koronaren Herzkrankheit eingetragen, auf der waagerechten Achse die Menge an HDL-Cholesterin im Blut. Die obere Kurve entspricht einem LDL-Cholesterinwert von 220 mg, die untere einem Wert von 100 mg.

Fall Nr. 1: Eine Testperson hat einen LDL-Cholesterinwert von 220 mg und einen HDL-Wert von etwa 40 mg. Der senkrechten Achse ist zu entnehmen, daß ihr Krankheits-Risiko recht hoch ist: Mit einer 25-prozentigen Wahrscheinlichkeit wird sie innerhalb von vier Jahren an einer koronaren Herzkrankheit erkrankt sein. Anders ausgedrückt: Wenn vier Menschen (100 % : 25 % = 4) diese Werte aufweisen, dann wird mit großer Wahrscheinlichkeit einer von diesen vieren in den nächsten Jahren erkranken.

Fall Nr. 2: Die Testperson hat einen LDL-Cholesterinwert von 100 mg und einen HDL von etwa 75 mg. Nun ist ihr Risiko für eine koronare Herzerkrankung verschwindend gering. Mit großer Wahrscheinlichkeit wird dieser Mann nicht erkranken.

Anders formuliert:

1. Je höher der HDL-Wert und je geringer der LDL-Wert, desto größer ist die Wahrscheinlichkeit, gesund zu bleiben.
2. HDL-Werte, die unter 40 Milligramm pro Zehntel Liter Blut (mg/dl) liegen, werden als niedrig und solche, die über 50 mg/dl liegen, als hoch eingestuft.
3. Die Europäische Arteriosklerose-Gesellschaft hat den „Grenzwert" für das Gesamtcholesterin auf 200 mg/dl Blut festgelegt.

Wenn Sie Ihr persönliches Risiko für eine Arteriosklerose und für koronare Herzerkrankungen grob einschätzen möchten, so fragen Sie Ihren Arzt bei dem nächsten Besuch nach Ihrem Gesamtcholesterinspiegel und nach Ihrem HDL-Wert. Der Gesamtcholesterinwert wird durch den HDL-Wert geteilt.

Cholesterinwerte in Milligramm pro Deziliter Blut

Ich habe einen Cholesterinwert von: 200–300 mg/dl Kein weiterer Risikofaktor Anzustrebender Cholesterinwert: 195–230 mg/dl Anzustrebender LDL-Wert: 155–175 mg/dl
Ich habe einen Cholesterinwert von: 200–300 mg/dl Der HDL-Wert liegt unter: 39 mg/dl Plus ein weiterer Risikofaktor Anzustrebender Cholesterinwert: 195 mg/dl Anzustrebender LDL-Wert: 135–155 mg/dl
Ich habe einen Cholesterinwert von: 200 bis über 300 mg/dl Plus zwei weitere Risikofaktoren Anzustrebender Cholesterinwert: 175–195 mg/dl Anzustrebender LDL-Wert: 115–135 mg/dl

Tabelle 1

Beispiel: Sie haben einen Gesamtcholesterinwert von 260 und einen HDL von 40:
265 : 40 = 6,6
Werte, die über 5 liegen, sind ungünstig; Werte unter 4 hingegen sind recht gut. Bei Werten, die dazwischen liegen, leben Sie mit einem durchschnittlichen Gesundheitsrisiko. Zu einer genauen Beurteilung müssen natürlich zusätzlich auch Ihre spezifischen Risikofaktoren mit einbezogen werden. In der nebenstehenden Tabelle können Sie ablesen, welche Gesamtcholesterinwerte bzw. welche LDL-Werte Sie anstreben sollten:

Risikofaktoren sind vor allem:
- hohe Blutfettwerte
- Bluthochdruck
- Rauchen
- Diabetes mellitus
- Übergewicht
- bestehende Gefäßerkrankung.

Sportmediziner haben übrigens festgestellt, daß sich der HDL-Wert mit Hilfe von Ausdauersport, wie z. B. Laufen, Schwimmen, Radfahren, ausdauerorientierter Gymnastik, Tanzen, Rudern und Ski-Langlauf erhöhen läßt.

Margarine – Mehr Schaden als Nutzen?

Seit einiger Zeit wird unter Fachleuten heftig über den Nutzen und Schaden von Margarine gestritten, denn einige Wissenschaftler sehen in dem Verzehr von Margarine einen Risikofaktor für Herzinfarkte. In vielen Studien wollen sie herausgefunden haben, daß hierfür bestimmte Fettsäuren, sogenannte Trans-Fettsäuren, verantwortlich sind. Trans-Fettsäuren entstehen, wenn aus flüssigen Pflanzenölen streichfähige Margarinen hergestellt werden. Nun nehmen wir aber ausgerechnet Margarine als Alternative zu der cholesterinhaltigen Butter zu uns.

Unser Vorschlag: Wenn Ihr Cholesterinspiegel es zuläßt, dann greifen Sie ruhig wieder einmal zu Butter; ist er eindeutig zu hoch, dann verwenden Sie spezielle Diät- oder Reform-Margarinen, die keine Trans-Fettsäuren enthalten.

Darüber hinaus sollten Sie die folgenden allgemeinen Ernährungsregeln grundsätzlich beachten:
- Normalgewicht anstreben, denn wenn Sie weniger wiegen, dann kommen Sie mit weniger Nahrung aus. Je weniger Sie essen, um so weniger Fett nehmen Sie auf. Wenn Sie weniger Fett aufnehmen, wird sich voraussichtlich auch Ihr Fettspiegel senken.
- Fettarme Lebensmittel bevorzugen.
- Pflanzenöle und Margarinen mit einem hohen Gehalt an Linolsäure auswählen, denn Linolsäure senkt den Blutcholesterinspiegel. Ein hoher Anteil von Linolsäure ist z. B. in Distelöl oder in Sonnenblumenöl enthalten. Achten Sie auf das Etikett, das häufig den Linolsäuregehalt ausweist. Darüber hinaus ist es sinnvoll, auf den Gehalt an mehrfach ungesättigten Fettsäuren zu achten. In Pflanzenölen sollte er mindestens 60 Prozent, in Margarinen mindestens 45 Prozent betragen.
- Alkoholverbrauch einschränken, denn Alkohol erhöht die Bildung der Blutfette (Neutralfette) und hemmt gleichzeitig ihren Abbau.
- Ballaststoffreich essen, denn Ballaststoffe können den Blutfettspiegel senken (vgl. *Seite 40*).

Gehalt von Kalorien, Fett und Omega-3-Fettsäuren in Fischen

Fisch	Omega-3-Fettsäuren in mg	Fett in g	Energiegehalt in kcal
Hering	3720	17	238
Lachs	2500	13	208
Makrele	1625	11	187
Karpfen	800	5	120
Forelle	500	3	108
Barsch	140	1	86
Schleie	140	1	82

Tabelle 2 (Angaben pro 100 g eßbarer Anteil)

- Zweimal in der Woche Fisch essen, denn Fische enthalten Fettsäuren, die sehr wahrscheinlich den Blutfettspiegel senken. Es handelt sich dabei um die sogenannten „Omega-3-Fettsäuren“. Die bekannteste ist die Eicosapentaensäure. Die höchste Menge an Omega-3-Fettsäuren enthalten Seefische. Leider ist der Gehalt von Omega-3-Fettsäuren um so höher, desto fettiger der Fisch ist. Berücksichtigen Sie dies bei der Zusammenstellung Ihres Speiseplanes.
- Gefilterten Kaffee bevorzugen, denn ungefilterter Kaffee kann, in großen Mengen genossen, den Cholesterinspiegel heben.

  Verunsicherung bei den Verbrauchern entstand nach der Veröffentli-

Abb. 2: Bei Cholesterinproblemen sollten Sie nur gefilterten Kaffee trinken!

chung skandinavischer Forschungsergebnisse, die besagten, daß Kaffee die Blutfettwerte erhöht. Die Verbraucher-Zeitschrift *Test* berichtete in ihrer Ausgabe 9/91 gleichzeitig, daß norwegischen und niederländischen Studien zufolge nur aufgebrühter und ungefilterter Kaffee diesen Effekt habe. Diese herkömmliche Kaffeezubereitungsmethode sei im Norden Europas offensichtlich wesentlich verbreiteter als bei uns.
Es wird vermutet, daß die Fette der Kaffeebohne für diese Wirkung verantwortlich sind. Bei Filterkaffee bleiben sie jedoch größtenteils im Filter hängen und beeinflussen deshalb den Blutfettspiegel nur wenig.
Auch das Bundesgesundheitsamt schaltete sich ein und stellte fest, daß eine Tasse Kaffee den Cholesterinspiegel um „durchschnittlich 1,2 Milligramm pro Deziliter Blut" anheben kann – ein äußerst geringer Wert, wenngleich es sich vor allem um eine Cholesterin-Fraktion (LDL) handelt, die das Arteriosklerose-Risiko erhöht. Dennoch, die Datenlage ist bis heute nicht gesichert, so daß man bestenfalls den Menschen empfehlen sollte, den Kaffeekonsum einzuschränken, die einen weit über der Norm liegenden Cholesterin-Spiegel haben.

- Viel Obst und Gemüse essen, denn Cholesterine werden erst dann gefährlich, wenn sie in unserem Körper von Radikalen beschädigt wurden. Radikalfänger, die in Obst und Gemüse als Beta-Carotin, Vitamin E, Vitamin C, aber auch als Spurenelemente enthalten sind, können dies verhindern (vgl. hierzu auch Hobbythekbuch „Richtige Ernährung in allen Lebenslagen").
- Zucker, Honig und Konfitüren meiden. Greifen Sie statt dessen zu Süßstoffen, Diätmarmeladen und Diätkonfitüren. Der Süßstoff der Hobbythek, Lightsüß, und unsere Rezepte zum kalorienarmen Herstellen von Marmeladen sind ebenfalls sehr zu empfehlen.

Wenn Sie diese Ernährungsempfehlungen beherzigen, dann sind Sie schon einen guten Schritt vorangekommen. Dennoch, als Laie fällt es nicht leicht, all die schlauen Ratschläge der Wissenschaftler auch in die Praxis umzusetzen. Deshalb hier eine einfache, einprägsame und hilfreiche goldene Regel:

Tierische Lebensmittel enthalten meistens Cholesterin, pflanzliche Lebensmittel nie!

Außerdem gibt es zahlreiche Lebensmittel, die auf ganz natürlichem Wege helfen, den Cholesterinspiegel niedrig zu halten:

Nüsse

Nüsse sind zwar ausgesprochen kalorienreich und sollten deshalb gerade bei erhöhtem Fettspiegel nicht in größeren Mengen geknabbert werden, andererseits gibt es einige Nüsse, die offensichtlich mithelfen, den Cholesterinspiegel zu senken. Im Jahr 1993 wurde eine Studie zu Walnüssen abgeschlossen, die diese Zusammenhänge zu bestätigen scheint. Eine Gruppe von Fachärzten hatte unter Leitung von Prof. Joan Sabaté an der Loma Linda Universität in Kalifornien im Auftrag des staatlichen US-Cholesterin-Erziehungsprogrammes eine „Walnuß-Untersuchung" durchgeführt. Die Studie dauerte 61 Tage. Es nahmen 18 gesunde Männer im Alter von 21 bis 43 Jahren teil. Aufgeteilt in zwei Gruppen erhielten sie eine cholesterinsenkende Diät. Bei einer Gruppe wurde jedoch ein Kalorienwertanteil von 20% durch Walnüsse ersetzt, die entsprechenden Testpersonen verzehrten 85 g Walnüsse pro Tag. Bei jeder der männlichen Testpersonen, die 85 g Walnüsse pro Tag aßen, sanken die LDL-Cholesterinwerte um 16% stärker als bei der Kontrollgruppe, die die normale cholesterinsenkende Diät zu sich nahm. Der regelmäßige

Verzehr von Walnüssen scheint also eine schützende Wirkung auf das Herz-Kreislauf-System zu haben. Professor Sabaté ist der Meinung, daß schon eine Menge von 28 g Walnüssen in der täglichen Ernährung den Cholesterinspiegel günstig beeinflussen kann. Voraussetzung ist allerdings, daß die Walnüsse im Austausch gegen andere fetthaltige Nahrungsmittel gegessen werden und somit die tägliche Gesamtkalorienmenge nicht überschritten wird. Die Walnuß weist, wie alle anderen pflanzlichen Produkte, kein Cholesterin auf, weil Pflanzen nicht in der Lage sind, diesen Stoff selbst zu bilden.

Die cholesterinsenkende Wirkung der Walnüsse geht vermutlich auf ihren hohen Gehalt an Linolsäure zurück. Diese Linolsäure ist aber auch in anderen Nüssen enthalten, z. B. in der Haselnuß, der Erdnuß, der Cashew- und der Pecannuß.

Abb. 3: Der Verzehr von Nüssen scheint den Cholesterinwert günstig zu beeinflussen.

Die Macadamia-Nuß hat noch einen anderen Vorteil: Sie besitzt neben Linolsäure auch einen hohen Anteil an Ölsäure. Ölsäure wiederum scheint dem Herzinfarkt entgegenzuwirken und scheint der Wirkung des Olivenöls zu ähneln.

Eine weitere Pflanzenfamilie ist ebenfalls bekannt für ihre besonderen gesundheitlichen Wirkungen. Es handelt sich um die Familie der Liliengewächse. Zu ihr gehört der Knoblauch, die Zwiebel, aber auch der Bärlauch. Dem Knoblauch wurde 1989 sogar eine ganz besondere Ehre zuteil: Er wurde vom Verband Deutscher Drogisten zur Arzneipflanze des Jahres gewählt.

Knoblauch

Schon seit Jahrtausenden wird Knoblauch in der Volksmedizin eingesetzt. Im Papyrus Ebers, einer rund 3500 Jahre alten ägyptischen heilkundlichen Schrift, sind bereits zahlreiche Knoblauchrezepte als Mittel gegen Herzbeschwerden, Kopfschmerzen, Insektenstiche, Würmer und Geschwülste niedergeschrieben. Auch die alten Griechen Aristoteles, Hippokrates und Aristophanes wußten um die reichhaltigen Wirkungen des frischen Knoblauchs.

Mittlerweile weiß man, daß Knoblauch darüber hinaus nicht nur gegen Blähungen und chronische Darminfektionen hilft, sondern sogar Eigenschaften eines natürlichen Antibiotikums besitzt. Außerdem kann Knoblauch helfen, den Blutdruck zu senken und Arterienverkalkung vorzubeugen.

Abb. 4: Knoblauch und Zwiebeln sollten in Ihrem Speiseplan reichlich vertreten sein.

Den Stoff, der im wesentlichen für diese Wirkungen verantwortlich ist, hat man mittlerweile genauestens analysiert. Er ist im ätherischen Öl des Knoblauchs enthalten und heißt Alliin. Er weist keineswegs den für viele so unangenehmen Knoblauchgeruch auf, weshalb frischer Knoblauch eigentlich fast geruchlos ist. Das Alliin allein entfaltet jedoch leider nicht die angesprochenen positiven Wirkungen. Es muß dazu erst mit Hilfe einer zweiten Substanz, die getrennt vom Alliin ebenfalls in den Knoblauchzellen enthalten ist, umgewandelt werden. Heute weiß man, daß es sich bei dem zweiten Stoff um ein Enzym namens Alliinase handelt. Die Alliinase baut das Alliin in Allicin um. Dies geschieht aber erst, wenn die Zehe zerkaut oder zerdrückt wird und beide Substanzen zusammenkommen. Näheres hierzu können Sie im Hobbythek-Diätbuch nachlesen.

Die positiven Wirkungen des Knoblauchs sind also vor allem auf das den

typischen Knoblauchgeruch ausmachende Allicin zurückzuführen. Knoblauchpräparate, auf denen steht, daß sie nicht riechen, sind deshalb wirkungslos. Wenn Sie Knoblauch als Medizin verwenden wollen, dann gilt: Ohne Geruch keine Wirkung.
Auch das Bundesgesundheitsamt bestätigte, daß Knoblauch den Fettspiegel senken hilft:
Anwendungsgebiete:
Zur Unterstützung diätetischer Maßnahmen bei erhöhten Blutfettwerten.
Zur Vorbeugung altersbedingter Gefäßerkrankungen.
Dosierung:
Soweit nicht anders verordnet: Mittlere Tagesdosis 4 g frische Knoblauchzwiebel.
Wirkungen:
antibakteriell (wirkt gegen Bakterien),
antimykotisch (wirkt gegen Pilze),
lipidsenkend (senkt die Blutfettwerte),
Hemmung der Thrombozytenaggregation,
Verlängerung der Blutungs- und Gerinnungszeit,
Steigerung der fibrinolytischen Aktivität (löst Blutgerinnsel auf).

Zwiebeln

Zwiebeln wirken appetitanregend, verdauungsfördernd, können den Cholesterinspiegel senken sowie die Arterienverkalkung verzögern. Sie sollen sogar Stoffe aufweisen, sogenannte Flavonoide, die sich positiv auf das Herz auswirken.

Bärlauch

Seit jeher werden die Zwiebeln und die Blätter des Bärlauch wegen ihres harntreibenden, cholesterinsenkenden, blutdrucksenkenden und blutreinigenden Effekts eingesetzt. Am Institut für Arterioskleroseforschung der Universität Münster wurde nun auch wissenschaftlich einwandfrei festgestellt, daß Bärlauch der Entstehung der Arteriosklerose entgegenwirkt. Es gibt mittlerweile Wissenschaftler, die herzinfarktgefährdeten Patienten Bärlauch oder auch Knoblauch empfehlen.
Frischer Bärlauch wird bisher kaum zum Kauf angeboten, dafür wächst er in heimischen Auwäldern um so üppiger. Mit den kleingehackten Blättern lassen sich Suppen, Gemüse und Salate schmackhaft würzen.

Lecithine

Auch Lecithine können helfen, den Cholesterinspiegel zu senken. Hierbei soll vor allem ein bestimmter Bestandteil, das Phosphatidylcholin, dafür sorgen, daß im Blut vorhandenes Cholesterin schneller abgeführt und über die Leber entsorgt werden kann. Phosphatidylcholesterin ist in vielen pflanzlichen und tierischen Lebensmitteln enthalten, besonders in der Sojabohne.
Allerdings ist bis heute noch ungeklärt, wieviel Lecithin wir täglich benötigen. Deshalb halten wir es für wenig sinnvoll, Lecithinkonzentrate wahllos zu kaufen und zu konsumieren. Im Jahr 1994 wurde allerdings sogar ein hochkonzentriertes Phosphatidylcholin aus der Sojabohne als Arzneimittel zugelassen. Als Anwendungsgebiet wird eine leichtere Form von Hypercholesterinämie angegeben.
Die Hobbythek hat schon vor vielen Jahren Reinlecithin in ihr Programm aufgenommen, vor allem weil es ein guter Emulgator ist, das heißt, Öl und Wasser gut miteinander verbindet. Damit läßt sich beispielsweise in einem Teig der Anteil von Eiern reduzieren. Zudem erhöht sich beim Backen die Teigausbeute, das Gashaltevermögen verbessert sich, die Poren werden gleichmäßiger, und das fertige Gebäck bleibt länger frisch.
Wenn Sie Reinlecithin einmal ausprobieren möchten, so geben Sie auf 100 Gramm Mehl etwa ein halbes bis ein Gramm. Auf 250 g Mehl sind das 1,5 bis 2,5 g oder 2–3 gehäufte Teelöffel, auf 100 g Mehl schließlich 5 bis 10 g Reinlecithin.

Pektin

Wie bereits erwähnt, können auch verschiedene Ballaststoffe den Cholesterinspiegel senken. Pektin ist ein solcher Ballaststoff. Der Arteriosklerose wirkt es vor allen Dingen deswegen entgegen, weil es die Gallensäure und deren Abbauprodukte, die in den Darmtrakt hinein entleert werden, bindet und schneller abführt. Dadurch wird wiederum die Galle zu einer verstärkten Produktion von Gallensäure angeregt, und dazu braucht sie Cholesterin. Dieses entzieht sie dem Blut, und damit fällt auch der Cholesterinspiegel.
Wenn Pektin in ausreichender Dosis, pro Tag mindestens 15 g, eingenommen wird, kann der Cholesterinspiegel auf diese Weise um 10 bis 20 Prozent reduziert werden. Das ist für einen natürlichen Stoff ein erstaunlicher Wert. Pektin kann damit durchaus mit Medikamenten aus dem Labor konkurrieren, die zum Teil sehr teuer sind.

Abb. 5: Ballaststoffergänzungsmittel der Hobbythek.

Wir von der Hobbythek haben dafür gesorgt, daß Sie mittlerweile verschiedene Pektinprodukte als Ballaststoffergänzungsmittel kaufen können: Wir haben sie Apfelpekt Plus, Multipekt Plus und Multipekt Plus Lecithin genannt. Im wesentlichen bestehen alle drei aus Apfelpektinen (lösliche Ballaststoffe) und Apfelfasern (unlösliche Ballaststoffe), Stoffe, die direkt aus Äpfeln gewonnen werden. Um auf die erforderliche cholesterinsenkende Menge zu kommen, müßten allerdings mindestens 60 g am Tag aufgenommen werden. Wenn Sie Näheres über diese Ballaststoffprodukte erfahren möchten, so schlagen Sie im Hobbythek-Buch „Richtige Ernährung in allen Lebenslagen" nach. Dort finden Sie neben umfangreichen Informationen auch Anregungen für die Anwendung dieser Produkte.

Pektin ist aber auch in vielen Lebensmitteln enthalten. Pektinreiche Gemüse sind zum Beispiel Weißkohl oder Möhren, pektinreiche Früchte sind Äpfel, Erdbeeren, Himbeeren, Johannisbeeren, Quitten, vor allen Dingen aber auch Zitrusfrüchte wie Orangen und Zitronen, Pampelmusen usw.

Welche Zutaten von der Hobbythek kann ich verwenden?

Hobbythekzutaten können Sie genauso wie andere Lebensmittel verwenden, d. h. Sie können sie in Säfte einrühren, Suppen zugeben, Ihren Joghurt oder Quark damit anreichern, dem Müsli beigeben oder was immer in Ihren Speiseplan paßt. Achten Sie aber auf den Kalorien- und auf den Fett- bzw. Cholesteringehalt.
Da, wie oben beschrieben, der Ballaststoffgehalt der Nahrung den Blutfettspiegel günstig beeinflußt, sind neben den erwähnten Produkten Apfelpekt Plus, Multipekt Plus, Multipekt Plus Lecithin auch die übrigen von uns vorgestellten Ballaststoffträger für Sie nützlich. Auch zu diesen Produkten, Apfel-Weizen-Ballast HT und Hafer-Crispies HT Super, erhalten Sie genauere Informationen in unserem Hobbythek-Buch „Richtige Ernährung in allen Lebenslagen" und zusätzlich im „Hobbythek-Diätbuch".

Abschließend möchten wir Ihnen noch eine Liste von Nahrungsmitteln an die Hand geben, wie sie von Professor Günther Schlierf und seinen Mitarbeitern zusammengestellt wurde:

Fleisch und Wurstwaren
Geeignet:
Mageres Fleisch aller Art ohne sichtbares Fett, Schinken und Kasseler, kalter Braten, Fleischsülze, Spezialwurstsorten unter 10 % Fett.
Weniger oder nicht geeignet:
Innereien (hoher Cholesterinspiegel), fettes Fleisch, Speck, handelsübliche Wurstsorten, z. B. Cervelat-, Leber-, Blut-, Mett- und Bratwurst, Fleischkonserven in Saucen.

Wild
Geeignet:
Alle Arten.
Weniger oder nicht geeignet:
Keine.

Geflügel
Geeignet:
Fleisch ohne Haut.
Weniger oder nicht geeignet:
Mastgans, Mastente.

Fisch und Fischwaren
Geeignet:
Magere Sorten Frischfisch, fettreiche Arten nur mäßig, Fischwaren geräuchert, gesäuert oder in Gelee, Konserven ohne Öl oder Sauce.
Weniger oder nicht geeignet:
Krustentiere: Austern, Garnelen, Muscheln, Hummer (hoher Cholesteringehalt); Konserven ohne Deklaration des Nährwertes und der Fettsäuren.

Eier
Geeignet:
Eiklar (evtl. 1 Eigelb pro Woche im Rahmen der erlaubten Cholesterinmenge).
Weniger oder nicht geeignet:
Eigelb (enthält viel Fett und Cholesterin).

Milch und Milchprodukte
Geeignet:
Buttermilch, Magermilch und -pulver, Magermilchjoghurt, Magerquark, fettarme Käsesorten bis zu 30 % Fett i.Tr. (in der Trockenmasse).
Weniger oder nicht geeignet:
Vollmilch, Kaffeesahne, Kondensmilch, Schlagrahm, Vollmilchjoghurt, Sahnequark, fettreiche Käsesorten.

Fette und Öle
(bei Übergewicht einschränken)
Geeignet:
Linolsäurereiche Öle, z.B. Sonnenblumen-, Distel-, Soja- oder Maiskeimöl, ölreiche Spezialmargarine (cremigweiche Sorten).
Weniger oder nicht geeignet:
Butter und Butterschmalz, Schmalz, Talg und Speck, Kokosfett (weißes Speisefett), Konsum-Margarine (hartfeste Sorten).

Gemüse
Geeignet:
Alle Arten.
Weniger oder nicht geeignet
Keine.

Obst
Geeignet:
Alle Arten außer den unter „nicht geeignet" aufgelisteten.
Weniger oder nicht geeignet:
Weintrauben, Trockenobst, Säfte oder Süßmost in großen Mengen.

Kartoffeln
Geeignet:
Gekochte Kartoffeln, Kartoffelpüree, Klöße u.ä., Bratkartoffeln.
Weniger oder nicht geeignet:
Pommes frites, Chips.

Brot und Nährmittel
(Bei Übergewicht einschränken.)
Geeignet:
Alle Arten, vollwertige Brotsorten bevorzugen.
Weniger oder nicht geeignet:
Keine.

Kuchen und Torten
(Bei Übergewicht einschränken.)
Geeignet:
Trockene, fettarme Arten, z.B. Hefeteig oder Quark-Ölteig mit linolsäurereichem Öl (zum Beispiel Saflor-Distelöl, Sonnenblumenöl, Sojaöl, Maiskeimöl) und ohne Eigelb zubereitet.
Weniger oder nicht geeignet:
Fettreiche Torten und Kuchen, z.B. Sahnetorten, Blätterteig, Fettgebackenes.

Süßwaren
(Bei Übergewicht einschränken.)
Geeignet:
Marmelade ohne Zucker, mit Süßstoff.
Weniger oder nicht geeignet:
Zucker, Honig, Marmelade, Speiseeis, Schokolade, Bonbons.

Nüsse
(Bei Übergewicht einschränken.)
Geeignet:
Alle Arten, bevorzugt Walnüsse.
Weniger oder nicht geeignet:
Kokosnüsse.

Getränke
Geeignet:
Alle zuckerfreien Getränke, Kaffee, Tee, Mineralwasser, leichte alkoholische Getränke nur nach Rücksprache mit dem Arzt.
Weniger oder nicht geeignet:
Obstsäfte, Limonaden, und Colagetränke, konzentrierter Alkohol.

Neben dieser Übersicht haben wir für Sie eine umfangreiche Tabelle (auf *Seite 95*) mit Nahrungsmitteln und deren Cholesteringehalten zusammengestellt. Hier finden Sie auch die Zutaten der Hobbythek. Zum Schluß möchte ich, Jean Pütz, Ihnen noch einen ganz speziellen Tip geben, mit dem der Cholesterinspiegel zwar nicht gesenkt, dafür aber direkt einem Herzinfarkt vorgebeugt werden kann:

Acetylsalicylsäure contra Herzinfarkt

Schon vor einigen Jahren haben Wissenschaftler in den USA herausgefunden, daß Acetylsalicylsäure, ein Stoff, der unter seinem Kürzel ASS und vor allem unter dem erfolgreichen Markennamen „Aspirin" bekannt ist, nicht nur gegen Kopfschmerzen, sondern auch vorbeugend gegen Herzinfarkt wirkt. Dabei ist die Erklärung für dieses Phänomen recht einleuchtend, denn ASS verflüssigt das Blut, deshalb kommt es nicht so schnell zu Verschlüssen in den Blutbahnen, der Fachmann nennt dies Thrombosen. Thrombosen in den Herzkranzgefäßen wiederum können zu einem Herzinfarkt führen. Zudem haben Wissenschaftler herausgefunden, daß ASS zusätzlich noch das Darmkrebsrisiko reduzieren kann.
Vor allem um mein Herzinfarktrisiko zu senken, kaue ich jeden Morgen eine Viertelstunde vor dem Frühstück auf nüchternen Magen ein Viertel einer Tablette „Aspirin direkt". Natürlich können Sie auch ein anderes ASS-haltiges Präparat verwenden. Die empfohlene Dosis zur Erzielung der beschriebenen Wirkung liegt bei 100 mg ASS pro Tag.

Allerdings greift ASS normalerweise den Magen an, und das wollte ich mir nicht zumuten. „Aspirin direkt" enthält einen Puffer, der diesen negativen Effekt verringert. Zudem verhindert die ausgefeilte Stoffmischung ein Verklumpen im Magen und erleichtert letztlich die Aufnahme des Wirkstoffes in die Blutbahn.
Natürlich sollten Sie diesen Tip nur dann beherzigen, wenn Sie ASS generell gut vertragen. Wenn Sie unter der Einnahme länger andauerndes Zahnfleischbluten bekommen, so sollten Sie auf jeden Fall Ihren Zahnarzt aufsuchen und das Präparat in Absprache mit Ihrem Arzt gegebenenfalls absetzen.

Im folgenden präsentieren wir Ihnen nun einige Rezepte für eine „herzgesunde" Kost. Darüber hinaus können Sie aber auch auf zahlreiche Rezepte aus den anderen Kapiteln zurückgreifen, denn sie sind auf die meisten der hier vorgestellten, generell geltenden Ernährungsregeln abgestimmt. So enthalten alle von uns vorgestellten Gerichte nicht viel Fett und gleichzeitig möglichst viele Ballaststoffe.

Abb. 6: Hühnercurry

Hühnercurry
(für 4 Personen)

200 g	Zwiebeln
2	Knoblauchzehen
½ Teelöffel	Ingwerpulver
1 EL	Sonnenblumenöl
600 g	Tomaten
1 TL	Kreuzkümmel, gemahlen
1 TL	Kurkuma (Gelbwurz)
3	Gewürznelken
1 TL	Chilipulver
½ TL	Koriander, gemahlen
1 TL	Salz
600 g	Hähnchenbrustfilet
1 Becher	Magermilchjoghurt (150 g)
100 g	Cashew-Nüsse
1 TL	Garam masala (oder 1 TL Curry)
800 g	kleine Kartoffeln
1 EL	Olivenöl

Die Kartoffeln gut bürsten und von schlechten Stellen befreien. Dann halbieren und mit der Schnittfläche nach unten auf ein mit 1 EL Olivenöl eingefettetes Backblech setzen. Vorsichtig salzen, kräftig pfeffern und bei etwa 130 °C in den Backofen schieben. Zwischendurch die Kartoffeln ein- bis zweimal mit dem heißen Öl bepinseln. Sie sind nach etwa einer Stunde gar.
Zwiebeln, Knoblauch und Ingwer fein hacken und mit Sonnenblumenöl in einem Topf andünsten. Tomaten häuten und achteln, mit den Gewürzen zu dem Zwiebelgemisch geben und bei geschlossenem Deckel 10 Minuten garen.
Das Brustfilet in kleine Stücke schneiden, hinzufügen und ohne Deckel ca. 30 Minuten garen. Joghurt und

Cashew-Nüsse untermischen, mit Garam masala oder Curry abschmecken und servieren.
Enthält pro Portion:
ca. 530 kcal
ca. 90 mg Cholesterin

Mangold-Risotto
(für 4 Personen)

200 g	Naturreis
40 g	Maiskeimöl
1	Zwiebel
300 g	Mangold
ca. 750 ml	heiße Gemüsebrühe
200 g	Kirschtomaten
½ TL	Thymianblättchen
½ TL	Rosmarinnadeln

Mangold waschen, Stiele kleinschneiden und die Blätter in Streifen schneiden. Die Zwiebel schälen und fein würfeln.
Das Maiskeimöl vorsichtig erwärmen und die Zwiebel darin andünsten, Reis und Kräuter dazugeben, kurz mitdünsten, dann mit Gemüsebrühe angießen und bei mittlerer Hitze 15 Minuten garen.
Den Mangold dazugeben und weitere 15 Minuten köcheln lassen, dann die gewaschenen Tomaten hinzufügen und das Risotto ca. 5–10 Minuten fertiggaren. Vor dem Servieren alles locker vermischen.
Dazu passen Lammkotelettes:
Die Kotelettes leicht klopfen, mit etwas Öl bestreichen und in einer heißen Pfanne auf jeder Seite ca. 4 Minuten braten, dann salzen und pfeffern.
Enthält pro Portion:
ca. 375 kcal
ca. 60 mg Cholesterin
(incl. einem Lammkotelett)

Gemüsefrikadellen mit Kräutersauce
(für 4 Personen)

250 g	Kartoffeln
250 g	Möhren
1–2	Knoblauchzehen
2	Zwiebeln
5 EL	Vollkornbrösel
20 g	mittelfeine Haferflocken
	Salz, Pfeffer, Paprika (edelsüß)
Für die Kräutersauce:	
1 Becher	Magerjoghurt
1 Bund	Petersilie
1 Bund	Dill
1	Knoblauchzehe
	Salz, Pfeffer

Kartoffeln und Möhren putzen, waschen und fein reiben. Knoblauchzehen und Zwiebeln abziehen, fein würfeln und mit Haferflocken und Vollkornbröseln vermengen, mit den Gewürzen abschmecken. Mit angefeuchteten Händen 8 Frikadellen formen und bei mittlerer Hitze auf jeder Seite 10 Minuten braten.
Für die Kräutersauce:
Joghurt glattrühren, die Kräuter feingehackt darunter mengen, die Knoblauchzehe durch die Presse geben, mit Salz und Pfeffer abschmecken.
Enthält pro Frikadelle:
ca. 120 kcal
ca. 1 mg Cholesterin

Pasta fredda
(für 4 Personen, ideal für den Sommer)

250 g	Vollkornschmetterlingsnudeln (ohne Ei)
1	Gewürzgurke
1	Möhre
1 Stange	Bleichsellerie
½	Fenchelknolle
3	Frühlingszwiebeln
3	Tomaten
	Jodsalz, Pfeffer
ca. 2 EL	Olivenöl

Die Nudeln bißfest garen und abkühlen lassen.
Das Gemüse sehr fein schneiden und mit den Nudeln und dem Olivenöl vermischen. Mit Salz und Pfeffer abschmecken.
Mit Blattsalat stellt dies eine leichte Mahlzeit dar, kann aber auch mit gegrilltem Geflügel oder Steak gereicht werden.
Enthält pro Portion:
ca. 250 kcal
0 mg Cholesterin

Madras-Reis-Tafel
(für 2 Personen)

100 g	Vollkornreis
200 g	Wasser
150 g	Mungbohnen-Sprossen
150 g	Weißkohl (in feine Streifen geschnitten)
50 g	grüne Bohnen
1–2	grüne Paprika (in Streifen geschnitten)
1–2	Karotten (in Streifen geschnitten)
1–2	Zwiebeln
1–2	frische Peperoni (entkernt und grob zerkleinert)
1–2	Knoblauchzehen
1 TL	Curry
2 EL	Sonnenblumenöl

1 EL Sonnenblumenöl in einem Topf erhitzen, Reis hinzugeben, einige Minuten glasig dünsten, mit Wasser an-

Abb. 7: Pasta fredda

Abb. 8: Grünkohl – einmal anders

gießen, und im geschlossenen Topf solange garen, bis der Reis die Flüssigkeit aufgesogen hat.
In einem Universalmixer die Peperoni und den durchgepreßten Knoblauch zu einer Paste mixen und diese unter den Reis mischen. (Anstelle der frischen Peperoni können Sie notfalls auch Cayennepfeffer einsetzen.)
In einem Topf einen EL Sonnenblumenöl erhitzen, die vorbereiteten Gemüse in der folgenden Reihenfolge darin anbraten: Zwiebeln, Bohnen, Karotten, Sprossen, Paprika und Weißkohl. Curry dazugeben und alles auf großer Hitze unter Rühren braten. Wenn das Gemüse bißfest wird, vorsichtig salzen, Reis hinzufügen und weiterhin auf großer Hitze braten, bis der Reis heiß und leicht braun ist.
Enthält pro Portion:
ca. 360 kcal
0 mg Cholesterin

Grünkohl – einmal anders
(für 2 Personen)

2	mittelgroße Zwiebeln (100 g)
15 g	Sonnenblumenöl
450 g	Grünkohl
	Salz
	Pfeffer
3	mittelgroße Kartoffeln
25 g	Macadamia- oder Cashewnüsse
50 g	Grünkerngrütze
120 g	Fetakäse (oder mittelalter Gouda)

Die Kartoffeln waschen, putzen und kochen.
Die Zwiebeln schälen, würfeln und in Öl glasig dünsten. Den Grünkohl gründlich waschen, abtropfen lassen und von den Stielen abzupfen. Anschließend in kochendem Wasser ca. 1 Minute garen, in ein Sieb schütten und gut abtropfen lassen. Den Grünkohl in mundgerechte Stücke hacken, zu den Zwiebeln geben und mit ihnen mischen, salzen und pfeffern und im geschlossenen Topf bei kleiner Hitze ca. 35 Minuten garen.
Die Nüsse hacken und zusammen mit der Grünkerngrütze in einer kleinen Pfanne anrösten, anschließend zum Grünkohl geben und zusammen noch weitere 10 Minuten garen.
Die Kartoffeln in Scheiben schneiden und mit dem Gemüse in einer kleinen gefetteten Auflaufform schichten. Den Käse grob reiben und auf dem Auflauf verteilen. Diesen zum Schluß in einem mit 200 °C vorgeheizten Backofen auf mittlerer Schiene 20 Minuten überbacken.
Enthält pro Portion ca. 480 kcal.
Fetakäse enthält ca. 26 mg Cholesterin.
Gouda enthält ca. 70 mg Cholesterin.

Stärkung der Knochen: Aktiv gegen Osteoporose

Knapp ein Viertel aller Frauen über 50 Jahren leiden an Osteoporose. Etwa 150 000 Knochenbrüche jährlich gehen auf das Konto dieser Knochenerkrankung. Die Behandlung dieser Brüche ist äußerst kompliziert und eine Heilung nicht immer gewährleistet. Nicht selten führen die Knochenveränderungen durch Osteoporose zu starken Schmerzen und frühzeitiger Invalidität. Viele dieser Schicksale wären vermeidbar, denn der Osteoporose kann vor allem durch richtige Ernährung und regelmäßige Bewegung im Freien vorgebeugt werden.

Interessant ist in diesem Zusammenhang die Erkenntnis, daß in den Knochen ständig Mineralstoffe, vor allem Calcium, ein- und auch wieder ausgebaut werden. In jungen Jahren überwiegen die Aufbauvorgänge. Deshalb nimmt die Knochenmasse und die Knochendichte etwa bis zum 30. Lebensjahr stetig zu. Danach geht's bergab. Bei der Osteoporose wird der Knochen im Laufe der Jahre so weit abgebaut, daß er nicht mehr ausreichend trägt und schließlich bricht.

Häufig werden zunächst die Wirbelkörper der Wirbelsäule eingedrückt, so daß die Patienten mit der Zeit nicht nur an Größe verlieren, sondern auch mehr und mehr nach vorne gebeugt gehen und den sogenannten Witwenbuckel entwickeln. Der Begriff Witwenbuckel deutet an, daß besonders häufig Frauen von der Osteoporose betroffen sind,

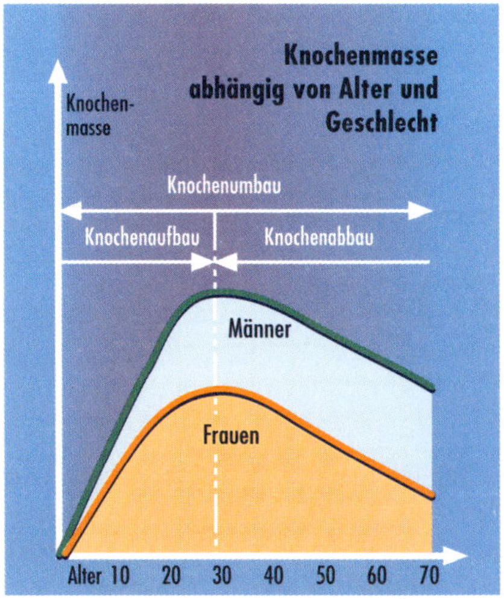

Abb. 1: In jungen Jahren überwiegt in der Regel der Knochenaufbau.

was an der Hormonumstellung während der Wechseljahre liegt. Der Mangel des Hormons Östrogen wirkt sich nachteilig auf den Stoffwechsel der Knochen aus.

Wer gefährdet ist und dem Knochenschwund vorbeugen oder den Verlauf abbremsen möchte, sollte zwei Faustregeln beachten:

- Je besser der Knochenaufbau in jungen Jahren, desto geringer die Gefahr einer Osteoporose im Alter.
- Je schlechter der Knochenaufbau in jungen Jahren, desto wichtiger alle Maßnahmen zur Knochenerhaltung im Alter.

Im Sinne dieser Faustregeln empfiehlt es sich, folgende Tips und Empfehlungen zu beherzigen. Achten Sie auf eine ausreichende Zufuhr an Calcium. Das oberste Calciumgebot sollte lauten: Trinke täglich ein Glas frische Milch. Das hört sich einfach an, doch leider trinken gerade Kinder, für die eine genügend hohe Calciumzufuhr besonders wichtig ist, immer weniger Milch. Ausgerechnet die Schulmilch ist heute „out". Bei älteren Osteoporose-Patienten (Durchschnittsalter 60 Jahre) konnte nachgewiesen werden, daß sie in ihrer Kindheit und Jugend nur etwa halb soviel Calcium über Milch und Milchprodukte aufgenommen haben wie gleichaltrige Menschen, die nicht an Osteoporose erkrankt sind. Professor Edmund Renner von der Universität Gießen zufolge nehmen Kinder und Jugendliche heute nur etwa 70 Prozent der empfohlenen Calcium-Menge auf. Die restlichen 30 Prozent könnten seiner Meinung nach durch die Schulmilch gedeckt werden. Doch leider wird sie nur von etwa jedem fünften Schulkind regelmäßig getrunken.

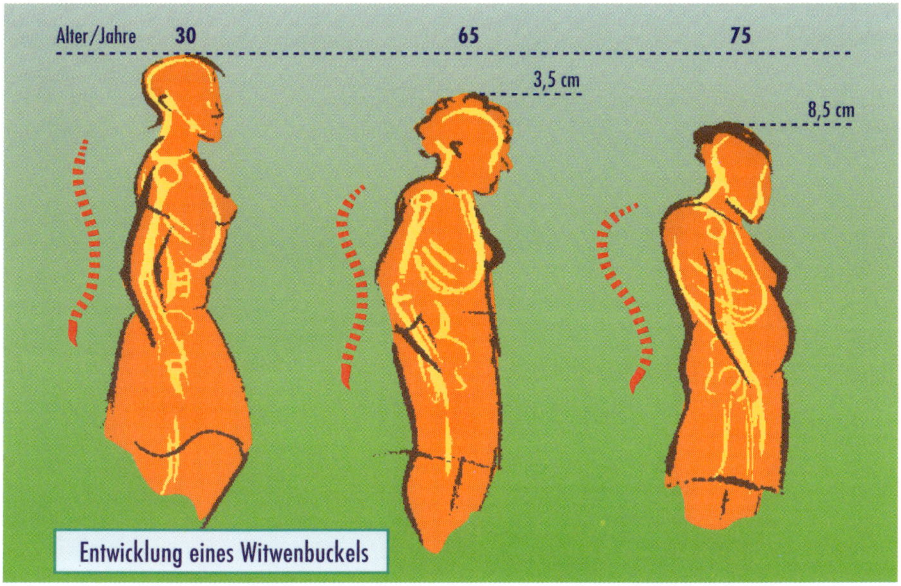

Abb. 2: Der Witwenbuckel ist eine Folge des Calciumabbaus durch Stoffwechselvorgänge.

Viel Calcium ist neben der Milch natürlich auch in Milchprodukten, wie Käse, Buttermilch, Kefir, Quark und Joghurt enthalten. Wem der Kaloriengehalt dieser Lebensmittel zu hoch erscheint, kann ebensogut auf die fettarmen Varianten zurückgreifen, also Magermilch, fettarmen Joghurt oder fettreduzierten Quark. In den letzten Jahren hat sich das Angebot an fettarmen Käsesorten enorm erweitert. Camembert, Tilsiter, Gouda, Butterkäse und viele andere Sorten gibt es heute schon mit Fettgehalten zwischen 20% und 30%.
Übrigens, schon 2½ Gläser Milch (½ Liter) und eine Scheibe Käse, z.B. Emmentaler, decken den gesamten Tagesbedarf an Calcium. Sollten Sie Milch nicht vertragen, so stellt dies kein unlösbares Problem dar. Relativ calciumreich sind neben den Milchprodukten auch Hülsenfrüchte, insbesondere

Abb. 3: Milch tut Ihren Knochen in jeder Altersstufe gut.

Abb. 4: Schulmilch ist einer der besten Calciumlieferanten für Kinder.

Sojabohnen, oder Getreide, z.B. als Vollkornbrot. Bei den grünen Gemüsen sind als gute Calciumlieferanten Brokkoli, Endivien, Fenchel, Grünkohl, Staudensellerie, Kohlrabi, Lauch, Kartoffeln und Wirsing zu nennen.
Aber auch hartes Trinkwasser aus dem Wasserhahn enthält viele Calciumsalze, zum Teil mehr als Mineralwasser, das ebenfalls eine Calciumquelle darstellt. Bevorzugen Sie dabei calciumreiche Mineralwässer (mehr als 50 mg pro Liter) und ebenso calciumangereicherte Fruchtsäfte.
Bewegen Sie sich regelmäßig und treiben Sie Sport, denn dadurch wird der Knochenaufbau gefördert.
Vitamin D fördert die Calciumaufnahme. Deshalb sollten Sie sich häufig im Freien aufhalten, denn Vitamin D wird in unserer Haut durch Einwirkung der UV-Strahlen der Sonne gebildet. Falls Sie nicht die Möglichkeit haben, täglich mindestens 15 Minuten spazierenzugehen, dann sollten Sie regelmäßig gute Vitamin-D-Lieferanten, Fisch, Ei, Butter oder Margarine, Käse und Milch, auf den Speiseplan setzen.
Zuviel Phosphat verringert die Calciumaufnahme. Deshalb meiden Sie Cola-Getränke, zuviel Fleisch und Wurst sowie Schmelzkäse.
Oxalsäure bindet Calcium. Begrenzen Sie deshalb den Genuß von oxalsäurereichen Lebensmitteln, wie Spinat, Rharbarber und Mangold, aber auch von Schokolade und Nuß-Nougat-Produkten.
Meiden Sie Eiweißkonzentrate, wie sie der Sportler zum Aufbau seiner Muskulatur einsetzt, denn: „Insbesondere isolierte Proteine verursachen eine vermehrte Ausscheidung von Calcium über die Nieren. Ein zu hoher Verbrauch von isolierten Eiweißen, der im Kraftsportbereich und in Body-Building-Kreisen verbreitet ist, dürfte negative Effekte auf die Calcium-Bilanz haben. Eine normale Proteinaufnahme hingegen fördert die Calcium-Resorption", so lautet die Warnung von Dr. Gerta von Oost vom Auswertungs- und Informationsdienst für Ernährung in Bonn.
Nachteilig sind außerdem: übermäßiger Alkoholkonsum, Rauchen, übermäßiger Kaffeegenuß (mehr als drei Tassen täglich), Abführmittel und Kleie. Kleie enthält sehr viel Phytin. Dieser Stoff bildet im Verdauungstrakt unlösliche Calciumsalze, die anschließend ausgeschieden werden, ohne daß das Calcium auch nur die geringste Chance hatte, unserem Körper zu nutzen.
Calcium wird besser aufgenommen und eingebaut, wenn unserem Körper genügend Vitamin C zur Verfügung steht, achten Sie deshalb immer auf ausreichende Vitamin-C-haltige Beilagen, wie zum Beispiel Salate oder Orangensaft. Auch das Vitamin B_6 hat einen positiven Einfluß auf den Calciumhaushalt. Gute Vitamin-B_6-Lieferanten sind Vollkornprodukte, Bananen, Sardinen, Makrelen, Kartoffeln, Gemüse, Milch.

Calcium pur

Falls Sie nur sehr wenig essen, weil Sie beispielsweise abnehmen wollen oder eine spezielle Diät halten müssen, dann können Sie natürlich auch auf Calciumpräparate zurückgreifen, die es in Drogerien, Reformhäusern oder auch Apotheken gibt. Aber auch wir von der Hobbythek haben ein preis-

Abb. 5: Geben Sie z.B. Ihrer Marmelade stets ein wenig Calciumcitrat HT zu.

wertes Calciumprodukt in unser Sortiment aufgenommen. Es ist das **Calciumcitrat HT**, das wir seit Jahren zur Herstellung von zuckerarmen Marmeladen und Konfitüren empfehlen. Es ist bewußt in Pulverform gehalten, weil Sie so beim Kochen ohne Schwierigkeiten z.B. Gemüsesuppen und Soßen damit anreichern können. Calciumcitrat HT ist völlig geschmacksneutral. 2 g dieses Pulvers, was ungefähr einem knappen Hobbythek-Meßlöffel entspricht, decken rund 50 Prozent der von der deutschen Gesellschaft für Ernährung empfohlenen täglichen Tagesration an Calcium.
Neben Calciumcitrat bieten wir Ihnen darüber hinaus noch ein preiswertes Pulver an, das ein größeres Mineralstoffspektrum abdeckt: **Multimineralpulver HT Super**. Unser Multimineralpulver HT Super enthält wichtige

Mineralstoffe wie Magnesium, Calcium und Kalium. Bei unzureichender Versorgung, z. B. während einer Abmagerungskur, können pro Tag vier Gramm bzw. zwei schwach gefüllte Hobbythek-Meßlöffel oder ein schwach gefüllter Teelöffel dieses Pulvers zusätzlich eingenommen werden. Sie decken damit etwa 35 Prozent des Tagesbedarfs an Kalium und 25 Prozent des Tagesbedarfs an Calcium und Magnesium. Wir empfehlen es vor allem zur Anreicherung von Speisen, da es darin völlig neutral schmeckt.
Falls Sie zur Bildung von Nierensteinen neigen, befragen Sie jedoch vor der Einnahme jeglicher Präparate Ihren Arzt.
Im folgenden haben wir Ihnen einige Rezepte zusammengestellt, die besonders geeignet sind, die Calciumzufuhr zu erhöhen. Vorher möchten wir Ihnen noch den Ratschlag geben, insgesamt auf eine ausgewogene und vollwertige Ernährung zu achten. Sogenannte „Milchdiäten“, die natürlich vor Calcium nur so strotzen, schießen weit über das Ziel hinaus und können sogar Schaden anrichten.

Zaziki

(für 1 Person)

3 EL	Vollmilch
3 EL	Magerquark
3 EL	Kefir
1	Knoblauchzehe
½ Bund	gemischte Kräuter (Schnittlauch, Petersilie, Basilikum, Thymian etc.)
½	Zwiebel
½	Salatgurke
	Jodsalz, Pfeffer, Paprika

Aus Quark, Kefir, Milch, gehackten Kräutern, Zwiebel, Knoblauch und beliebigen Gewürzen (Salz, Pfeffer, Paprika) einen Kräuterquark anrühren. Gurken in feine Streifen schneiden und unter den Quark geben. Zu Vollkornbrot oder einer gebackenen Kartoffel servieren.

Pellkartoffeln mit Krabbencocktail

(für 1 Person)

5	kleine Kartoffeln
4 EL	Quark
50 g	Nordseekrabben
2 Scheiben	Ananas
	Dill

Kartoffeln säubern und mit der Schale kochen. Quark, Ananas (in kleine Stücke geschnitten) und Krabben vermengen. Die fertigen Kartoffeln aufschneiden und mit dem Krabbencocktail füllen. Mit Dillzweigen garnieren.

Apfelsinenquark à la Hobbythek

(für 1 Person)

150 g	Magerquark
50 ml	Vollmilch
1	Apfelsine
2 EL	Hafer-Crispies HT Super
1 Tablette	Lightsüß HT

1 Tablette Light-Süß HT in der Milch auflösen und mit dem Quark in ein Schälchen geben; Hafer-Crispies HT Super untermischen. Zum Schluß die Apfelsine schälen, in kleine Stücke schneiden und vorsichtig unterheben – fertig.

Bananen-Curry

(für 4 Personen)

5–6	feste, reife Bananen
1–2 EL	Distelöl
½ TL	Ingwer (gem.)
½ TL	Kreuzkümmel (gem.)
¼ TL	Koriander (gem.)
¼ TL	Sternanis (gem.)
½ TL	Gelbwurz (gem.)
¼ TL	Nelken (gem.)
½ TL	Zimt (gem.)
½ TL	Anis (gem.)
2 Msp.	Cayennepfeffer
¼ TL	Fenchel (gem.)
2 Msp.	Kardamom (gem.)
2 TL	Zitronensaft
150 g	frische Sahne
	Jodsalz

Distelöl in einer großen Pfanne oder einem Wok erhitzen. Alle Gewürze hineingeben und kurz andünsten. Nun die Bananenscheiben dazugeben und etwa 5 Minuten braten, sehr vorsichtig wenden oder umrühren, da sie sonst leicht matschig werden. Nach etwa 5 Minuten Salz und Sahne beifügen und nochmals aufkochen.
Heiß servieren.
Variante: Rosinen und Mandelsplitter oder Pistazienkerne unterrühren.
Tip: Bananencurry schmeckt toll zu Reis, aber auch zu Fladenbrot. Wenn Sie zusätzlich noch ein Gemüse servieren, dann haben Sie ein komplettes und gleichzeitig ausgefallenes Mittagsmenü. Als Gemüse eignen sich in diesem Fall besonders in Würfel geschnittene und angebratene Auberginen oder in Scheiben geschnittene, gedünstete Zucchini. Auch eingelegter Kürbis wäre eine interessante Variante.

Fenchel mit Mozzarella
(Vorspeise oder Beilage für 4 Personen)

2	Fenchelknollen (ca. 700 g)
4 EL	Wasser
1	Zwiebel
1	Knoblauchzehe
1 EL	Öl
500 g	Tomaten
	frische gemischte Kräuter
125 g	Mozzarella-Käse

Den Fenchel putzen, halbieren und in ½ cm dicke Scheiben schneiden. Mit dem Wasser in einen Topf geben und ca. 15 Minuten garen. Mit dem Schaumlöffel aus dem Sud nehmen und in eine Auflaufform geben.
Zwiebeln und Knoblauch fein hacken, Tomaten zerkleinern, mit den gehackten Kräutern zum Zwiebelgemisch geben und zusammen in Öl andünsten. Tomatensauce über den Fenchel geben, Mozzarella in Scheiben schneiden und obenauf legen. Im Ofen ca. 10–20 Minuten überbacken.

Grünkernbraten mit Quarkdressing
(für 4 Personen)

Für den Braten:

300 ml	Gemüsebrühe (Instant)
150 g	Grünkernschrot
1 Bund	Frühlingszwiebeln (ca. 350 g)
1	Möhre (ca. 75 g)
100 g	Mungbohnensprossen
30 g	Butter
60 g	Vollkornzwieback
2	Eier
	Pfeffer
	Salz
3 EL	Wasser

Für das Dressing:

250 g	Magerquark
1 Becher	saure Sahne
25 g	frische Kräuter
	etwas Zitronensaft
	Pfeffer

Grünkernschrot mit der Brühe 10 Minuten garen. In der Zwischenzeit das Gemüse waschen und putzen: Frühlingszwiebeln in sehr dünne Ringe schneiden und die Möhre raspeln. Zusammen mit den Mungbohnensprossen und Butter in einem Topf andünsten.
Grünkernschrot, Gemüse, Vollkornzwieback und verquirlte Eier mischen, mit Gewürzen abschmecken und alles zu einem Laib formen. Mit 3 EL Wasser in einer Kasserolle im vorgeheizten Ofen bei 180 °C 30 Minuten backen.
Nach der Garzeit den Grünkernbraten noch 5–10 Minuten geschlossen stehenlassen. Inzwischen Magerquark, saure Sahne und gehackte Kräuter verrühren. Nach Belieben mit Zitronensaft und Pfeffer abschmecken. Das Dressing zu dem Grünkernbraten reichen.

Lauchtorte
(für 4 Personen)

300 g	Vollkornmehl
250 g	Quark
5 EL	Pflanzenöl
1 TL	Salz

Abb. 6: Grünkernbraten mit Quarkdressing

Für den Belag:

4 Stangen	Lauch
3	Eier
300 g	Schmand

Zutaten für den Teig gut mischen, in einer gefetteten Springform verteilen und gut andrücken. Lauch putzen, in Ringe schneiden, andünsten und anschließend auf den Teig geben. Die restlichen Zutaten verquirlen, mit Muskat, Pfeffer und Salz würzen und über die Torte geben. Rund 45 Minuten bei 200 °C backen.

Käse-Kraut-Torte

(für 4 Personen)

Für den Teig:

100 g	Speisequark, 20 g Fett i. Tr.
1	kleines Ei
2 EL	Öl
150 g	Weizenvollkornmehl
1 TL	Backpulver
½ TL	Salz

Für den Belag:

500 g	Weißkohl
2	Zwiebeln
2	säuerliche Äpfel
2	Knoblauchzehen
25 g	Zucker
40 g	Butter
2 EL	Paprikapulver edelsüß
	Pfeffer
1 EL	Essig
1 Bund	Petersilie
200 g	Emmentaler
3	Eier
200 g	Sauerrahm

Den Quark mit dem Ei und dem Öl verquirlen und die übrigen Zutaten unterkneten. In Folie gehüllt 30 Minuten ruhen lassen.
Den Kohl vierteln, den Strunk entfernen und quer in dünne Streifen schneiden. Die Zwiebeln schälen und fein würfeln, die Äpfel schälen und achteln.
Den Zucker in einem breiten Topf zu Karamel schmelzen, die Butter hinzufügen. Den Kohl, die Zwiebeln und den durchgepreßten Knoblauch darin bei mittlerer Hitze andünsten, dabei öfters umrühren. Mit Paprika, Salz und Pfeffer würzen, die Äpfel darauflegen und im geschlossenen Topf 20 Minuten dünsten. Zum Schluß Essig und gehackte Petersilie untermischen. Das Kraut auskühlen lassen.
Den Teig ausrollen, eine gefettete Springform von 24 cm Durchmesser damit auskleiden. Den Backofen auf 200 °C vorheizen. Den Käse in 1×1 cm große Würfel schneiden, die Eier mit der Sahne verquirlen und alles mit dem Kraut vermischen. Die Füllung auf den Teig geben und sofort auf mittlerer Schiene ca. 40 Minuten backen.
Warm oder kalt servieren.

Ragout aus Kohlrabi mit Schafskäsesauce

(für 4 Personen)

Ragout:

4	Kohlrabi, je ca. 150 g
1	Zwiebel
30 g	Butter
	Jodsalz
	Pfeffer
½ TL	gerebelter Majoran
50 ml	Gemüsebrühe
1 EL	gehackte Petersilie
	Zitronensaft
200 g	Vollkornreis

Schafskäsesauce:

200 g	Schafskäse
½ Tasse	Milch
1	Knoblauchzehe

Von den Kohlrabi die Blätter entfernen, die inneren Blätter in feine Streifen schneiden. Den Kohlrabi in 1 cm dicke Scheiben schneiden, dann würfeln. Die Zwiebeln schälen und würfeln, in zerlassener Butter glasig dünsten. Kohlrabi und Majoran hinzufügen und kurz mitdünsten, vorsichtig salzen und pfeffern. Mit der Brühe begießen und zugedeckt etwa 15 Minuten dünsten.
In der Zwischenzeit die Schafskäsesauce zubereiten: Dazu Schafskäse in Milch auflösen, kurz aufkochen, gut umrühren und die Knoblauchzehe hineinpressen. Gehackte Kohlblätter und die Petersilie unter das Gemüse mischen, mit Zitronensaft abschmecken und zusammen mit der Sauce auf Vollkornreis servieren.

Lachs-Kartoffel-Gratin

(für 4 Personen)

500 g	Kartoffeln
300 g	Räucherlachs
150 g	saure Sahne
150 g	Magerjoghurt
1 TL	Meerrettich
200 g	Gouda
100 ml	Milch
1 Bund	Dill
1	Zitrone
	Jodsalz
	Pfeffer

Kartoffeln in Salzwasser kochen, abdampfen, pellen und in Scheiben schneiden. Käse reiben und Lachs

Abb. 7: Käse-Kraut-Torte

Abb. 8: Ragout aus Kohlrabi mit Schafskäsesauce

ebenfalls in dünne Scheiben schneiden. Joghurt und saure Sahne vermengen und mit Meerrettich, Zitrone und den Gewürzen abschmecken. Gehackten Dill unter die Marinade geben.

Etwa 50 g des geriebenen Käses beiseite legen. Abwechselnd Kartoffeln, Lachs und Käse in einer Auflaufform schichten. Die Marinade darüber geben. Etwa 20 Minuten bei 200 °C im Backofen abgedeckt garen (wenn die Kartoffeln noch warm sind, sonst verlängert sich die Garzeit entsprechend um 10 bis 15 Minuten).

Den restlichen Käse mit der Milch vermischen, über den Gratin geben und 5 bis 10 Minuten bei 250 °C gratinieren lassen.

Als Beilagen eignen sich frische Sommersalate oder gemischte Gemüseplatten. Auch für Besuch ist dies ein schnelles und wohlschmeckendes Gericht.

Zuviel Harnsäure im Blut: Richtige Ernährung bei Gicht

Die Armut geht – das Zipperlein kommt. Das Zipperlein, wie die Gicht volkstümlich genannt wird, ist eine Erkrankung, die den Menschen vermutlich schon seit jeher befallen hat. Doch gerade heute ist sie wieder auf dem Vormarsch. Der Grund liegt paradoxerweise in unserem gewachsenen Wohlstand und der daraus resultierenden falschen Ernährungsweise. Wie anders ließe sich erklären, daß Gicht in Zeiten der Armut und des Elends vor allem die Reichen und Privilegierten befiel, und heute, wo es den meisten von uns sehr gut geht, zu einer Krankheit der breiten Bevölkerung geworden ist. Tatsächlich führt das Schwelgen in Kalbsfilet an Sahnesoße oder Rinderzunge im Roquefort-Bett zusammen mit einem guten Schluck Wein oder Sekt zu hohen Harnsäurewerten im Blut und damit auch zu Gicht.

Dabei ist Harnsäure an sich nichts Schlimmes. Von unserem Körper selbst wird sie ständig produziert. Bedrohlich wird es erst dann, wenn sie nicht mehr ausreichend über die Nieren ausgeschieden wird und sich deshalb im Körper anreichert. Ist der Stoffwechsel stark gestört und die Harnsäurekonzentration über eine lange Zeit zu hoch, können erste Symptome von Gicht auftreten. Harnsäurekristalle lagern sich im Gewebe und in den Gelenken ab und verursachen dort Schmerzen. Auch Nierensteine können sich aus der Harnsäure bilden.

Harnsäure ist ein Abbauprodukt der sogenannten Purine. Diese wiederum stammen aus Enzymsystemen und vor allem aus der Erbsubstanz, der DNS. Es sind also Stoffe, ohne die Leben auf unserer Erde gar nicht möglich wäre. Da alle Pflanzen und alle Tiere eine Erbsubstanz besitzen, enthalten natürlich auch Lebensmittel Purine.

Die Harnsäuremenge, die unser Körper mit den körpereigenen Purinen bildet, läßt sich kaum beeinflussen. Der Anteil an Purinen in unserer Nahrung kann jedoch durch eine richtige Ernährung beträchtlich reduziert werden. Mit ihr lassen sich die Häufigkeit von Gichtanfällen mindern, Nierensteinen vorbeugen und die sonst notwendigen Arzneien reduzieren. Aber auch Menschen, bei denen der Arzt bisher lediglich erhöhte Harnsäurewerte festgestellt hat, Fachleute sprechen dann von der sogenannten Hyperurikämie, sollten ihre Ernährung umstellen.

Für Menschen, die auf ihren Harnsäurespiegel achten müssen, sind einige wenige Ernährungsregeln äußerst wichtig:

- Purinarme Lebensmittel bevorzugen, denn dadurch läßt sich der Harnsäurespiegel senken. Deshalb auch den Fleischverzehr auf ein- bis zweimal in der Woche beschränken.
- Normalgewicht anstreben, denn wenn Sie weniger essen, dann nehmen Sie automatisch weniger Purine auf. Gleichzeitig senken Sie so das Risiko für weitere typische Begleiterkrankungen wie Bluthochdruck.
- Wenig Alkohol trinken, denn Alkohol läßt den Harnsäurespiegel steigen.
- Viel Bewegung, so halten Sie sich seelisch und körperlich fit und sie hilft, Ihr Idealgewicht zu erzielen oder zu halten.

Pro Tag sollten Sie höchstens 500 mg Harnsäure aufnehmen. Falls es einmal etwas mehr werden, so ist dies zwar nicht weiter tragisch, doch über die gesamte Woche verteilt sollten höchstens 3000 mg Harnsäure über die Nahrung aufgenommen werden. Falls Ihr Arzt Ihnen eine strenge Diät auferlegt hat, so sollte die Grenze pro Tag bei 300 mg und pro Woche bei maximal 2000 mg liegen.

Harnsäure verbirgt sich vor allem in bestimmten Fischsorten, z. B. in Ölsardinen, Kabeljau und Sardellen, sowie in Innereien, wie Leber, Nieren oder Bries. Schon eine Portion Kalbsbries, also ca. 125 g, enthalten 1360 mg Harnsäure. Dies entspricht bereits der Menge, die Sie über knapp fünf Tage verteilt aufnehmen sollten.

Abb. 1: Bei Gicht sollten Sie sich ballaststoffreich ernähren, z.B. mit Vollkornbroten.

Abb. 2: Auch Gemüse enthält viel Ballaststoffe und zusätzlich Vitamine und Mineralstoffe.

Aber auch ganz normales Fleisch und Fleischprodukte sind nicht ohne Purine. Deshalb sollten pro Tag höchstens 100 g hiervon gegessen werden. Gemüse enthält nur wenig Purin. Eine Ausnahme bilden die Hülsenfrüchte. Deshalb sollten Erbsensuppe und Bohneneintopf nur gelegentlich verzehrt werden.

Damit Sie sich einen Überblick verschaffen können, finden Sie am Ende dieses Buches eine umfangreiche Tabelle, in der Sie den Harnsäure- bzw. Puringehalt verschiedener Lebensmittel ablesen können (vgl. *Seite 98*).

Um die entsprechenden Werte umrechnen zu können, benötigen Sie nur folgende Daten:

1 mg Purine = 2,40 mg Harnsäure,
1 mg Harnsäure = 0,42 mg Purine.

Auch die folgenden Regeln sollten Menschen mit einem erhöhten Harnsäurespiegel beherzigen:

- Fettarme Lebensmittel bevorzugen!
- Ballaststoffreich essen, deshalb Vollkornbrot und viel Gemüse auf den Tisch.

Abb. 3: Obst – die ideale Zwischenmahlzeit.

- Vitamin- und mineralstoffreich essen, deshalb viel Obst und Gemüse zu sich nehmen.
- Viel trinken, denn je mehr Urin Sie bilden, desto niedriger ist der Harnsäurespiegel.

Darüber hinaus haben wir für Sie noch einige praktische Ernährungstips zusammengestellt, die Ihnen sicherlich sehr nützlich sind:

- Garen, Grillen und Dünsten ist besser als Braten, denn so vermeiden Sie den Verzehr von Bratfetten.
- Kaffee, Tee, Kakao und Schokolade (in Maßen) dürfen verzehrt werden, da die Purine, die in diesen Produkten enthalten sind, nicht zu Harnsäure abgebaut werden.
- Haut von Geflügel und Fisch, sowie die Schwarte vom Schwein sind sehr purinreich, deshalb sollten Sie diese meiden.
- Weine liefern keine Harnsäure, doch achten Sie auf den Alkoholgehalt, denn Alkohol hemmt die Harnsäureausscheidung.
- Schränken Sie den Bierkonsum ein, denn Bier enthält nicht nur Alkohol, sondern zusätzlich beachtliche Mengen an Guanosin, ein Purin, das die Harnsäurekonzentration ganz erheblich anheben kann. Wenn es denn Bier sein muß, dann besser ein alkoholfreies.

Welche Zutaten von der Hobbythek kann ich verwenden?

Wie bei anderen Lebensmitteln auch, müssen Sie hier auf den Harnsäuregehalt achten. Wir haben die speziellen Hobbythekprodukte deshalb mit in die allgemeine Übersicht aufgenommen.

Die Süßstoffe Lightsüß HT und Konfilight HT helfen Ihnen, Kalorien einzusparen. Zuckeraustauschstoffe, wie z. B. Sorbit oder auch Xylit, sollten Sie nur vorsichtig verwenden, denn sie können kurzfristig genauso wie Zucker den Harnsäurespiegel drastisch erhöhen. Deshalb sollten vor allem Patienten, die unter Gichtanfällen neigen, diese Stoffe meiden.

Wenn Sie sich mit Vollkornprodukten überhaupt nicht anfreunden können, dann sollten Sie, um Ihre tägliche Ballaststoffzufuhr zu sichern, nach Alternativen suchen. Neben Gemüsen, die ja ebenfalls sehr ballaststoffreich sind, können Sie auch auf Ballaststoffkonzentrate ausweichen, wie z. B. unsere Hafer-Crispies HT Super und Apfel-Weizen-Ballast HT. In unserem Hobbythek-Buch „Richtige Ernährung in allen Lebenslagen“ finden Sie hierzu umfangreiche Informationen und natürlich auch Rezepte.

Das kalorienfreie Bindemittel Bindix HT bietet Ihnen die Möglichkeit, kalorienarme Soßen herzustellen.

Im folgenden haben wir für Sie einige Gerichte zusammengestellt. Im Anhang finden Sie zudem eine umfangreiche Lebensmittelliste, in der die Harnsäuremengen genau verzeichnet sind. Wenn Sie auch andere Rezepte in

Abb. 4:
Hafer-Crispies HT Super – Ballaststoffe, schmackhaft verpackt.

diesem Buch verwenden wollen, addieren Sie einfach die angegebenen Harnsäurewerte. Liegt der Wert nicht über 500 mg bzw. 300 mg pro Tag (s.o.), so sind Sie mit diesem Tagesplan gut beraten.

Gemüsepfanne

(für 4 Personen)

100 g	Bleichsellerie
1	große Möhre
1	Chicorée
1	rote Paprika
1	Zucchini
1	Lauchstange
4	Frühlingszwiebeln
½	Fenchelknolle
100 g	Austernpilze
3 EL	Maiskeimöl
	Jodsalz
	Pfeffer
1 EL	feingehackter Koriander

Die verschiedenen Gemüse putzen, waschen und in gleichmäßige feine Streifen schneiden. Das Öl in einer großen Pfanne oder im Wok erhitzen und das Gemüse unter Rühren bißfest braten. Anschließend mit Salz, Pfeffer und Koriander würzen. Dazu paßt kurzgebratenes Fleisch oder Fisch.
Variante: Die Austernpilze können zur Abwechslung auch gegen Champignons oder Shii-take ausgetauscht werden.
Enthält pro Portion:
(ohne Fleisch)
ca. 120 kcal
ca. 55 mg Harnsäure

Ratatouille

(für 4 bis 6 Personen)

2	Zwiebeln
1	Aubergine
je 1	grüne, rote und gelbe Paprika
5	mittelgroße Tomaten
2	Knoblauchzehen
4 EL	Olivenöl
	Petersilie, Basilikum
	Salz, Pfeffer, Paprika

Zwiebeln in kleine Würfel schneiden, das andere Gemüse in etwas größere Würfel schneiden. Zwiebeln im Öl anbraten, restliches Gemüse hinzufügen, ohne Deckel bei niedriger Temperatur etwa 30 Minuten köcheln lassen. Mit Salz, Pfeffer und Paprika abschmekken. Mit in Streifen geschnittenem Basilikum und gehackter Petersilie bestreuen.
Dazu paßt am besten Reis. Im Sommer läßt sich dieses Gericht auch kalt genießen.
Enthält pro Portion:
ca. 100 bis 150 kcal
ca. 16 bis 25 mg Harnsäure

Koriander-Karotten mit Sahne

(für 3 Personen)

6	mittelgroße Kartoffeln
1 kg	Karotten
1 EL	Sonnenblumenöl
¼ TL	Ingwer (gem.)
⅛ TL	schwarzer, frisch gemahlener Pfeffer
¼ TL	Koriandersamen (gem.)
1 Bund	frisches Korianderkraut
1–2 EL	frische Sahne
	Salz nach Geschmack
	Wasser

Die Kartoffeln als Salzkartoffeln zubereiten. Die Karotten waschen, putzen und in große Würfel schneiden.
Öl in einem Topf erhitzen, Karotten hinzugeben, kurz anrösten, dann etwas Wasser hineingießen und zugedeckt gardünsten.

Abb. 5: Koriander-Karotten mit Sahne

Abb. 6: Zucchini-Pilz-Ragout an Kurkuma-Reis

Den Koriander gut waschen und grob zerkleinern. Wenn die Karotten weich sind, die Gewürze und den frischen Koriander hinzugeben, vorsichtig salzen. Zum Schluß die Sahne unterheben und mit ein paar Korianderblättchen garniert servieren.
Enthält pro Portion:
ca. 110 kcal
ca. 70 mg Harnsäure

Zucchini-Pilz-Ragout an Kurkuma-Reis
(für 2 Personen)

160 g	Vollkornreis
300 ml	Wasser
1 EL	Sonnenblumenöl
¼ TL	Kurkuma
1	Zucchini
200 g	Champignons
50 g	Käse, z. B. Gouda
2 EL	Schmand
1 Prise	Muskat
1 Msp.	Ingwer
1 Prise	Cayennepfeffer
1 Msp.	gestoßener Pfeffer
1 Msp.	Kardamom
	Jodsalz

In einem Topf das Öl erhitzen, den Reis und Kurkuma hinzugeben und mehrmals wenden. Das Wasser dazugießen, aufkochen und auf kleiner Flamme solange köcheln lassen, bis die Flüssigkeit aufgesogen ist.
Die Zucchini waschen, zunächst in Scheiben schneiden, dann stifteln. Die Champignons putzen und in Scheiben schneiden. In einem Topf den Boden mit Wasser bedecken, das Gemüse dazugeben, auf den Herd stellen, die Platte auf die höchste Stufe stellen, bis es im Topf zu köcheln beginnt. Dann auf mittlerer Stufe ca. 15 Minuten garen. Die Zucchini sollten noch Biß haben.
Den Käse in Würfel schneiden und zusammen mit dem Schmand unter das Ragout mengen. Die Gewürze nach und nach hinzugeben und vorsichtig salzen.
Noch zwei weitere Minuten köcheln lassen, anschließend mit Vollkornreis servieren.
Tip: Wenn Sie das Zucchini-Pilz-Ragout zu einem festlichen Anlaß servieren möchten, so empfehlen wir zur Abwechslung den Vollkornreis gegen den besonders edlen und delikat schmeckenden Basmati-Reis auszutauschen.
Enthält pro Portion:
ca. 480 kcal
ca. 150 mg Harnsäure

Rheuma: Gibt es eine „richtige Ernährung“?

Der Morgen beginnt wie jeden Tag – mit Schmerzen: Die Gelenke sind noch steif, die Finger lassen sich nur mühsam bewegen, erst ganz allmählich kommt Leben in die Glieder. Jeder zweite Patient, der den Weg in eine Arztpraxis auf sich nimmt, leidet unter Rheuma. Neben der „chronischen Polyarthritis“, der am häufigsten auftretenden entzündlichen Erscheinung unter den rheumatischen Erkrankungen, zählen auch die degenerativen Arthrosen, spezielle Verhärtungen und Verspannungen der Muskulatur sowie die Stoffwechselerkrankung Gicht dazu.

Das Wort „Rheuma“ kommt aus dem Griechischen und bedeutet soviel wie „Fließen“. In der Antike glaubte man, daß die Ursache für rheumatische Erkrankungen spezielle Säfte seien, die vom Gehirn über den Körper herabflössen.

Während man für Gicht schon seit langem spezielle Ernährungsempfehlungen geben kann (vgl. *Seite 57 ff.*), wird bei anderen Rheuma-Diäten leider kein Unterschied zwischen den vielen Formen rheumatischer Erkrankungen gemacht. Darüber hinaus werden zum Teil weit voneinander abweichende Ernährungsvorschläge gemacht: Was nach der einen Diät erlaubt ist, ist nach der nächsten strikt verboten. Es gibt jedoch auch gewisse Gemeinsamkeiten. So soll man zum Beispiel Fleisch und Wurst meiden. Vollkornprodukte sowie Obst und Gemüse hingegen werden oft als Heilnahrung angepriesen.

Tatsächlich haben viele Rheumatiker die Erfahrung gemacht, daß sich ihr Leiden durch bestimmte Nahrungsmittel verbessert bzw. verschlechtert. Deshalb möchten wir Ihnen in jedem Fall raten, einfach auszuprobieren, wie Sie auf den Verzicht von bestimmten Lebensmitteln reagieren. Streichen Sie doch einige Wochen lang Fleisch und Wurst von Ihrer Speisekarte. Sollte sich Ihr Zustand dabei nicht verbessern und nach erneutem Genuß auch nicht verschlechtern, dann gibt es natürlich keinen Grund, zukünftig auf Fleisch zu verzichten. Wenn Sie sich ohne Fleisch besser fühlen, sollten Sie zukünftig darauf verzichten. Das gleiche Verfahren können Sie auch mit anderen Lebensmitteln praktizieren, z. B. mit Milch und Milchprodukten, mit Zucker und Weißmehlprodukten wie Brötchen, Croissants und Kuchen, mit Alkohol, Tee und Kaffee usw.

Wesentlich mehr Erkenntnisse hat die Wissenschaft über die Ursachen der chronischen Polyarthritis, und mittlerweile gibt es genügende Anhaltspunkte, die eine „richtige Ernährung“ sinnvoll erscheinen lassen: Zunächst wurde festgestellt, daß Stoffwechselprodukte der Arachidonsäure Auslöser dieser entzündlichen Erkrankung sind. Arachidonsäure ist eine ungesättigte Fettsäure, die wir entweder mit tierischen Nahrungsmitteln zu uns nehmen oder selbst in unserem Körper bilden. Pflanzen hingegen sind nicht in der Lage, Arachidonsäure aufzubauen.

Die Menge der Arachidonsäure in unserem Körper läßt sich mit Hilfe der Ernährung beeinflussen. Eine richtige Ernährung kann also die Beschwerden von Rheumakranken lindern, sogar die notwendigen Medikamente sollen bis zu einem Drittel eingespart werden können.

Der Mensch braucht zwar Arachidonsäure, der tägliche Bedarf liegt aber nur bei etwa 0,1 mg. Mit der üblichen Fleischkost nimmt der Bundesbürger durchschnittlich jedoch rund 200 bis 400 mg auf, also etwa die zweitausend- bis viertausendfache Menge. Klinische Studien haben wiederholt erwiesen, daß mit einer vegetarischen Kost, die ja keine Arachidonsäure enthält, Rheumabeschwerden gelindert werden können. Darüber hinaus wurde herausgefunden, daß Linolsäure, eine Fettsäure, die vor allem in pflanzlichen Ölen enthalten ist, die körpereigene Produktion von Arachidonsäure hemmt. Nun müssen sie aber nicht gleich zum strengen Vegetarier werden. Milchpro-

Abb. 1: Essen Sie viel Milchprodukte, um Begleiterkrankungen wie Osteoporose vorzubeugen.

dukte können und sollten Sie auch weiterhin zu sich nehmen, denn chronische entzündliche Erkrankungen ziehen oftmals eine Osteoporose nach sich. Milch- und Milchprodukte stellen eine wichtige Quelle für Calcium dar, das benötigt wird, um dieser Begleiterkrankung vorzubeugen. Genaueres hierzu können Sie im Kapitel „Stärkung der Knochen: Aktiv gegen Osteoporose“ nachlesen (vgl. *Seite 50 ff.*).

Einen weiteren Zusammenhang zwischen rheumatischen Erkrankungen und Ernährungsgewohnheiten stellten Wissenschaftler schon im Jahre 1940 bei den Eskimos in Grönland fest, die nur äußerst selten unter rheumatischen Erkrankungen leiden. Dies scheint vor allem auf ihren hohen Fischverzehr zurückzuführen zu sein. Eskimos weisen generell einen niedrigeren Arachidonsäurespiegel auf als andere Volksgruppen. Darüber hinaus konnte man nachweisen, daß Rheuma-Patienten positiv auf die Zufuhr von bestimmten Fischöl-Fettsäuren reagieren, von denen die Eicosapentaensäure eine Schlüsselrolle zu spielen scheint. Wir haben bereits im „Hobbythek-Diätbuch“ über diese Fettsäure berichtet, die wahrscheinlich das Herzinfarktrisiko senkt. Mittlerweile konnte ermittelt werden, daß sie sich auch bei chronischen entzündlichen Gelenkerkrankungen positiv auswirkt. Wissenschaftler von der Rheumaeinheit der Universität München untersuchten deshalb, ob sich die Wirkung von Fischölfettsäuren durch eine gleichzeitige lacto-vegetarische Ernährung steigern läßt. (Bei einer lacto-vegetarischen Ernährung dürfen alle pflanzlichen Lebensmittel und zusätzlich alle Milch- und Milchprodukte verzehrt werden.) Für diese Studie wurden 60 Patienten in zwei Gruppen geteilt und über einen Zeitraum von acht Monaten untersucht. Die eine Gruppe ernährte sich mit fleischhaltiger Normalkost, die andere lacto-vegetarisch. Zusätzlich erhielten alle Teilnehmer die gleiche Menge Fischöl. Die Ergebnisse waren eindeutig: Bei den Lactovegetariern verbesserten sich die Beschwer-

Abb. 2: Fisch sollte ständig auf Ihrem Speiseplan stehen, z. B. mal eine geräucherte Forelle.

den in erstaunlich größerem Maße als bei den Gemischtköstlern. Die Wissenschaftler sind der Überzeugung, daß dieser Erfolg auf die Wechselwirkungen der Fettsäuren zurückgeht. Der Arachidonsäuregehalt im Blut der Lactovegetarier sank weitaus deutlicher als bei der Gruppe der Gemischtköstler.

Noch steht die Forschung auf diesem Gebiet am Anfang. Deshalb können auch noch keine genaue Dosierungsempfehlungen für Fischöl gegeben werden. Versuchen Sie es einstweilen mit dem regelmäßigen Genuß von Lebensmitteln, die von Natur aus reich an Eicosapentaensäure und anderen wertvollen Fettsäuren sind. Hierzu zählen Hering, Lachs, Forelle, Brachsen, Zander, Kleine Maräne und Steinbutt. Weitere Informationen finden Sie auch in unserem Kapitel „Herzgesunde Kost: Fettiges Blut – nein danke".

Mittlerweile werden natürlich auch viele Fischöl-Präparate mit einem hohen Eicosapentaensäuregehalt im Handel angeboten. Auch die Läden, die die Zutaten der Hobbythek führen, bieten Fischölkapseln an. Dennoch empfehlen wir Ihnen, sich mit Ihrem Arzt abzusprechen, denn so können Sie unnötige Ausgaben vermeiden.

Abschließend möchten wir Ihnen die wichtigsten Ernährungsempfehlungen und einige darauf abgestimmte Rezepte vorstellen, in der Hoffnung, Ihnen hiermit ein wenig helfen zu können:

- Lacto-vegetabile Kost bevorzugen und Fleischverzehr möglichst vermeiden, denn Fleisch enthält viel Arachidonsäure, deren Stoffwechselprodukte rheumatische Entzündungen auslösen. Wenn Sie Fleisch konsumieren, dann höchstens ein- bis zweimal in der Woche.
- Pflanzliche Öle und Fette bevorzugen, denn sie enthalten keine Arachidonsäure, dafür aber Linolsäure, die einen Anstieg des Arachidonsäuregehalts im Körper verhindert. Außerdem enthalten pflanzliche Öle Vitamin E, das als Antioxidanz hilft, Entzündungen zu hemmen.
- Häufig Fisch essen, denn Fisch enthält wertvolle Fischöle, wie z. B. die Eisopentaensäure, die mithilft, den Arachidonsäuregehalt zu senken.
- Fettarme Milchprodukte bevorzugen, denn so nehmen Sie genügend Calcium auf, um einer Osteoporose vorzubeugen, und meiden damit gleichzeitig die Arachidonsäure, die im Fett der Milchprodukte enthalten ist.
- Viel Obst und Gemüse essen, denn Obst und Gemüse enthält keine Arachidonsäure, dafür aber um so mehr antioxidativ wirksame Stoffe, wie Vitamin C und Beta-Carotin. Diese helfen ebenso wie das Vitamin E die Bildung von entzündungsauslösenden Stoffen zu unterdrücken. Der Bedarf an Antioxidanzien ist bei entzündlichen Prozessen stets erhöht, und eine chronische Polyarthritis geht mit permanenten Entzündungsherden einher.
- Regelmäßig Hülsenfrüchte, Getreide und hin und wieder auch Nüsse essen, denn diese Produkte enthalten Selen. Untersuchungen deuten darauf hin, daß Patienten mit entzündlichen Gelenkerkrankungen häufig einen Mangel an Selen aufweisen. Selen ist Bestandteil der Glutationperoxidase, dem wichtigsten Antioxidans unseres Körpers.

  Tip: Wenn Sie Vollkornreis kochen, dann geben Sie pro Person etwa 25 g Selenweizen HT in den Topf. (vgl. *Seite 18*).

Marinierter Lachs (Graved Lachs)
(Vorspeise für 6 bis 8 Personen, 3 bis 4 Tage im voraus herstellen)

eine Hälfte	frisches Lachsfilet (mit Haut)
ca. 60 g	frischen Dill
8 EL	Jodsalz
4 EL	Zucker
	etwas Pfeffer aus der Mühle
Dill-Senf-Sauce:	
150 g	süßer Senf
ca. 45 g	frischer Dill
ca. 45 g	Gartenkresse
3 TL	Zucker
¾ TL	Jodsalz
3 EL	Balsamico-Essig
100 g	Crème fraîche
100 g	Joghurt (1,5 % Fett)

In einer Schüssel Salz, Zucker und Pfeffer gut vermischen. Die Lachshälfte mit der Haut nach unten in eine passende Schüssel oder Auflaufform legen. Den Lachs mit der Salz-Zucker-Pfeffer-Mischung gut bedecken. Das Fischfleisch darf nicht mehr sichtbar sein. Das Gefäß verschließen (muß nicht luftdicht sein) und für 4 Tage in den Kühlschrank stellen. Morgens und abends kontrollieren, ob der Fisch noch gut bedeckt ist. Gegebenenfalls von der Seite frisches Salz-Zucker-Pfeffer-Gemisch auf den Fisch geben.

Nach vier Tagen die entstandene Marinade vom Lachs unter fließendem kaltem Wasser abwaschen, den Lachs trockentupfen und mit gehacktem Dill

bestreuen. Der Lachs ist im Kühlschrank in Folie verpackt nun etwa eine Woche haltbar. Wie geräucherten Lachs mit scharfem Messer in Tranchen, also dünne Scheiben, schneiden.
Für die Sauce Dill ohne Stiele fein hacken, alle Zutaten gut mischen und separat zum Fisch reichen.
Tip: Paßt besonders gut zu kleinen Reibekuchen.

Gegrillte Forelle mit Sojacreme
(für 4 Personen)

4	Forellen, Bach- oder Regenbogenforellen, à 300 g
4 Stiele	Basilikum
1 Prise	weißer Pfeffer
1 EL	Zitronensaft
2 EL	Olivenöl
2	Fleischtomaten (ca. 400 g)
5 EL	Sojasauce
1 EL	Essig
4–5 Tropfen	Tabasco
200 g	süße Sahne
800 g	Kartoffeln (ca. 12 mittelgroße)

Die Forellen innen und außen kalt waschen und trockentupfen.
Zitronensaft mit Pfeffer verrühren und die Forellen innen damit beträufeln, anschließend jeweils einen Basilikumstiel hineinlegen.
Tomaten überbrühen, enthäuten, entkernen und kleinschneiden. Mit der Sojasauce, dem Essig und dem Tabasco aufkochen und pürieren. Sahne hinzufügen und im offenen Topf etwas einkochen lassen, warm stellen, aber nicht mehr kochen lassen.

Ein großes Stück Alufolie mit Öl bestreichen und auf einen Grillrost legen. Forellen mit Olivenöl bepinseln und von jeder Seite ca. 10 Minuten grillen. Während des Grillens wiederholt mit Öl bestreichen und während der letzten 3–4 Minuten die Forellen ohne Alufolie über der Glut am Rand des Grillrostes garen.
Die Forellen mit der Sauce und Pellkartoffeln servieren.
Variation: Tomaten mit der Sojasauce und Essig aufkochen, pürieren, etwas einkochen, dann abkühlen lassen. Mit 100 g Crème fraîche und Joghurt verrühren, mit Cayenne-Pfeffer abschmekken und kalt zu den Forellen servieren.
Forellen aus der Pfanne: Die Forellen in etwas Milch und Mehl wenden, dieses leicht abschütteln. In 2 EL Sonnenblumenöl auf jeder Seite ca. 5–7 Minuten, je nach Größe, braten.
Tip: Anstelle der Forelle können Sie für dieses Gericht natürlich auch andere Fische verwenden, wie zum Beispiel grünen Hering oder Makrele. Beide Fische enthalten besonders viele wertvolle Fettsäuren, mit deren Hilfe Sie den Arachidonsäuregehalt im Blut senken können (vgl. *Seite 41*).

Abb. 3: Gegrillte Forelle mit Sojacreme

Fischcurry

(für 4 Personen)

500 g	Lachsfilet
	Saft von ½ Zitrone
	jodiertes Salz
1	Zwiebel
2	Knoblauchzehen
2 EL	Öl
2 TL	Curry
1 TL	Ingwer (gem.)
1 TL	Kreuzkümmel (gem.)
1 TL	Kurkuma (Gelbwurz, gem.)
½ TL	Chilipulver
500 ml	heißes Wasser
200 g	Kokosraspel
	Bindix HT
150 g	Vollkornreis
50g	Selenweizen HT

Reis und Weizen mit der doppelten Menge Wasser in einen Topf geben und ca. 45 Minuten garen.
Das Lachsfilet in mundgerechte Stücke schneiden, mit Zitronensaft beträufeln und salzen.
Die Zwiebel in dünne Scheiben schneiden. Mit Öl, Knoblauch und Gewürzen andünsten. Wasser und Kokosraspel aufkochen lassen, anschließend pürieren, durch ein Sieb streichen und die Kokosflüssigkeit auffangen (ergibt ca. 250 ml). Mit den Fischfilets zu den Zwiebeln in den Topf geben und bei geschlossenem Deckel 15 Minuten garen. Abschließend je nach Geschmack mit Bindix HT leicht eindicken.
Zum Reis servieren.
Variation: Sie können dieses Gericht hervorragend mit Auberginen, Tomaten und Zucchini aufpeppen. Dazu das Gemüse waschen, putzen, in mundgerechte Stücke schneiden und mit den Zwiebeln andünsten.

Zucchini in Haselnußkruste zu einem leichten Kartoffelgratin

(für 2–3 Personen)

4	große Kartoffeln
4	Zucchini
1 EL	Weizenkeimöl
50 g	Magerquark
50 g	Vollkornweizenmehl
100 g	grob geraspelte Haselnüsse
100 g	Gouda
200 ml	Milch

Für den Gratin: Kartoffeln waschen, schälen und in feine Scheiben schneiden. Mit Salz, Pfeffer und Muskatnuß würzen, in eine feuerfeste Form schichten und mit einer Mischung aus Gouda und Milch auffüllen.
Für die Zucchini: Zucchini waschen und in fingerdicke Scheiben schneiden. In Magerquark, Mehl und zuletzt in den Haselnüssen wälzen, in einer Pfanne goldbraun backen. Zum Kartoffelgratin servieren.

Bananen-Chili Chutney

(für 3 Personen)

3	reife Bananen
2	frische, rote, milde Chilis
2	frische, grüne, scharfe Chilis
1 TL	frischer Ingwer (geschält u. feingehackt)
¼ TL	schwarzer, frisch gemahlener Pfeffer
1–2 TL	brauner Zucker
1 TL	Kreuzkümmel (ganz)
½ TL	Kreuzkümmel (gem.)
1	unbehandelte Zitrone
200 g	frischer Joghurt
1–2 EL	Distelöl
	jodiertes Salz

Die roten Chili-Schoten entkernen und in feine Streifen schneiden, grüne ebenfalls entkernen und fein zerhacken. Die Zitrone gut mit heißem Wasser abwaschen und die Haut fein abraspeln, den Saft auspressen und zur Seite stellen. Das Öl in einem Topf oder Wok nicht zu stark erhitzen und die roten und grünen Chilis anrösten. Zucker, Ingwer, abgeraspelte Zitronenschale und Kreuzkümmelsamen dazugeben und gut umrühren.
Die restlichen Gewürze und die in Scheiben geschnittenen Bananen sanft unterrühren. Für wenige Minuten leicht rösten.
Anschließend vom Herd nehmen, Joghurt, Zitronensaft und Salz dazugeben und nochmals gut umrühren, dabei aber darauf achten, daß die Bananen ihre Form behalten.
Kühl servieren.

Gemüsepizza

(für 6 Personen)

400 g	Dinkelmehl
½ TL	Jodsalz
20 g	Hefe
125 ml	lauwarmes Wasser
3 EL	Sonnenblumenöl
500 g	Lauch
250 g	Champignons (falls erhältlich, Egerlinge)
300 g	Tomaten
	Jodsalz, Pfeffer
	frischer oder gerebelter Thymian
	Oregano
	Basilikum
200 g	Sauerrahm

Die Hefe in Wasser auflösen und mit Dinkelmehl, Salz und Öl zu einem Teig

Abb. 4: Bananen-Chili Chutney

verkneten. An einem warmen Ort zugedeckt eine halbe Stunde gehen lassen. In der Zwischenzeit Gemüse putzen, Lauch in Ringe, Champignons (Egerlinge) in Scheiben schneiden. Von den Tomaten die grünen Stengelansätze entfernen und dann ebenfalls in Scheiben schneiden.

Ein Blech mit etwas Dinkelmehl bestäuben, den Teig ausrollen und das Blech damit belegen.

Den Backofen auf 190 °C vorheizen.

Den Teig mit Gemüse belegen, reichlich mit Kräutern bestreuen und mit Salz und Pfeffer würzen. Den Sauerrahm verquirlen und darübergießen.

Die Pizza ca. 35–40 Minuten backen.

Roquet-Salat mit Ziegenkäse an Nußdressing

(für 1 bis 2 Personen)

100 g	Roquet-Salat (oder Eichenblattsalat)
100 g	Ziegenkäse
20 g	Sonnenblumenkerne
Nußdressing:	
50 ml	Nußöl
50 ml	Himbeeressig oder 50 ml „normalen“ Essig
	einige Tropfen Frusip Himbeere
1 TL	scharfer Senf
	Salz, Pfeffer, Zucker

Öl unter ständigem Rühren tröpfchenweise unter den Senf geben, so daß eine homogene Masse entsteht. Genauso mit dem Essig verfahren.

Salat: Roquet und Käse in Würfel schneiden. Mit dem Nußdressing übergießen. Mit Sonnenblumenkernen verzieren.

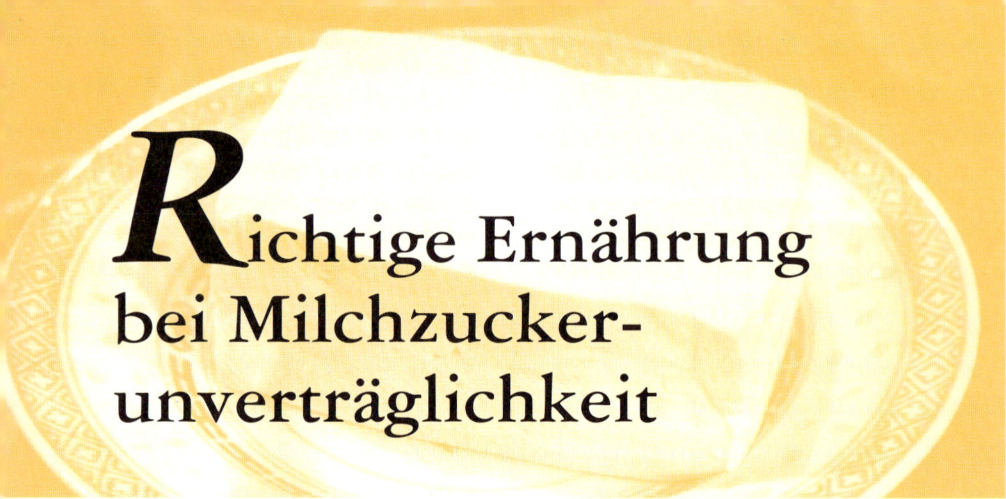

Richtige Ernährung bei Milchzucker-unverträglichkeit

Haben Sie hin und wieder Bauchschmerzen? Leiden Sie gelegentlich unter unerklärlichen Durchfällen, Blähungen oder schmerzhaften Koliken? Möglicherweise vertragen Sie ganz einfach keinen Milchzucker. Mit diesem Problem stehen Sie nicht alleine da: 90 Prozent der Weltbevölkerung und rund 10 Prozent der Deutschen leiden unter dieser Lebensmittelunverträglichkeit.

Suchen Sie in jedem Fall Ihren Arzt auf, um die tatsächlichen Ursachen für Ihre Beschwerden untersuchen zu lassen. Der Arzt hat verschiedene Möglichkeiten, eine Milchzuckerunverträglichkeit festzustellen. Im einfachsten Fall verabreicht er Ihnen eine hohe Dosis konzentrierten Milchzucker. Verspüren Sie danach wieder Schmerzen, so liegt der Verdacht nahe, daß es sich bei Ihnen tatsächlich um eine Milchzuckerunverträglichkeit, eine Lactoseintoleranz, handelt.

Etwas genauer ist eine andere Methode, bei der Sie ebenfalls Milchzucker, Lactose, zu sich nehmen müssen. Anschließend wird in regelmäßigen Abständen der Wasserstoffgehalt in Ihrer Atemluft gemessen. Sollten Sie unter einer Lactoseintoleranz leiden, so ist der Wert erhöht. Denn der Milchzucker, der von ihren körpereigenen Helfern, den Enzymen, nicht verarbeitet werden kann, wandert unverdaut in den Dickdarm, wo sich Bakterien des Milchzuckers annehmen und dabei Gase bilden. Eines dieser Gase ist Wasserstoff, der später in der Atemluft gemessen werden kann.

Eine Lactoseintoleranz ist nur selten angeboren. Meist entwickelt sie sich im Laufe des Lebens, häufig auch nur vorübergehend nach Darmerkrankungen z. B. Morbus Crohn oder Colitis ulcerosa oder einer Darmoperation.

Die Milchzuckerunverträglichkeit kann unterschiedlich stark ausgeprägt sein. Deshalb sollten Sie zunächst auf Milchzucker vollständig verzichten, um anschließend vorsichtig einzelne lactosehaltige Nahrungsmittel zu sich zu nehmen. So können Sie feststellen, welche Dosierung Sie ohne Beschwerden vertragen.

Lactose ist vor allem in folgenden Produkten enthalten (vgl. auch *Tabelle 1* auf der folgenden Seite):

- Milch
- Milchprodukte
- Milch- und Sahneeis
- Milchschokolade, Pralinen, Nuß-Nougat-Creme
- zahlreiche Fertigprodukte, Vorsicht bei Suppen, Soßen, Müsli (Zutatenliste prüfen)
- viele Wurstwaren, vor allem fettreduzierte (Zutatenliste lesen oder nachfragen)
- viele Süßstoffe, wie z. B. Lightsüß HT
- einzelne Backwaren (Zutatenliste lesen oder nachfragen)
- einzelne Medikamente (nachfragen).

Praktische Tips:

- Anstelle von Milch und Sahne für Kaffee und Tee lieber pflanzlichen Kaffeeweißer verwenden.
- Anstelle von Milch für das Müsli lieber Säfte oder Sojamilch verwenden.
- Anstelle von Milch in Backwaren lieber Sojamilch oder auch Wasser einsetzen.
- Anstelle von Butter lieber zu Pflanzenmargarine greifen.

Die Ernährungswissenschaftlerin Babette Bürger von der Universität Köln rät darüber hinaus, unsterilisierte Sauermilchprodukte zu verzehren. Die darin enthaltenen Bakterien können bereits im Dünndarm mithelfen, die Lactose zu verarbeiten. Mit dem Calcium aus diesen Milchprodukten beugen Sie einem Calciummangel vor, der bei Lactoseintoleranz häufig ein Problem darstellt. Im Kapitel „Stärkung der Knochen: Aktiv gegen Osteoporose“ finden Sie eine Reihe von Anregungen, wie Sie auch ohne Milchprodukte Ihren Calciumbedarf decken können.

Abb. 1: Ersetzen Sie in Ihrem Ernährungsplan Milch durch Sojamilch.

Rotkohl-Früchte-Salat
(für 1 bis 2 Personen)

300 g	Rotkohl
1	kleine Zwiebel
	Salz, Pfeffer
1	Orange
1	Apfel
1	Banane
	Saft einer halben Zitrone
	Saft einer Orange
50 g	Rosinen
1 EL	Honig
3 EL	Walnußöl
10	Walnußhälften

Lactosegehalt von Milch und Milcherzeugnissen

100 g enthalten	Lactose in g	100 g enthalten	Lactose in g
Konsummilch (Frischmilch, H-Milch)	4,8–5,0	Magerquark	4,1
Milchmixgetränke (Schoko, Mokka, Vanille, Erdbeer, Banane, Himbeer, Nuß)	4,4–5,4	Speisequark 10–70% Fett i.Tr.	2,0–3,8
Dickmilch	3,7–5,3	Schichtkäse 10–50% Fett i.Tr.	2,9–3,8
Frucht-Dickmilch	3,2–4,4	Hüttenkäse 20% Fett i.Tr.	3,0
Joghurt	3,7–5,6	Frischkäsezubereitungen 10–70%Fett i.Tr.	2,0–3,8
Joghurtzubereitungen (Schoko, Nuß, Müsli, Mokka, Vanille)	3,5–6,0	Schmelzkäse 10–70% Fett i.Tr.	2,8–6,3
Kefir	3,5–6,0	Käsefondue (Fertigprodukt)	1,8
Buttermilch	3,5–4,0	Käsepastete (Schmelzkäsezubereitung 50% Fett i.Tr.)	4,4
Sahne, Rahm (süß, sauer)	2,8–3,6	Kochkäse 0–45% Fett i.Tr.	3,2–3,9
Crème fraîche	2,0–2,4	verschiedene Käsesorten: Appenzeller, Backsteiner, Bad Aiblinger Rahmkäse, Brie, Butterkäse, Camembert, Chester, Edamer, Edelpilzkäse, Esrom, Gouda, Havarti Jerome, Käsepastete, Limburger, Mozzarella, Münsterkäse, Raclette, Räucherkäse, Romadur, Sandwich, Sauermilchkäse (Harzer, Mainzer, Handkäse), Schafskäse, Stauferkäse, Steppenkäse, Tilsiter, Trappistenkäse, Weichkäse, Weinkäse, Weißlacker	0,1
Crème double	4,5		
Kaffeesahne 10–15% Fett	3,8–4,0		
Kondensmilch 4–10% Fett	10,8–12,5		
Butter	0,6–0,7		
Butterschmalz	–		
Milchpulver	38,0–51,5		
Molke, Molkegetränke	3,5–5,2		
Desserts (Fertigprodukte: Cremes, Pudding, Milchreis, Grießbrei)	2,8–6,3		
Eiscreme (Milch-, Frucht-, Joghurteis)	5,1–6,9		
Sahneeis	1,9		

Tabelle 1: (Quelle: Kasper H., Ernährungsmedizin und Diätetik, München 1991)

Rotkohl putzen, waschen, vierteln und ganz fein schneiden. Zwiebeln schälen, fein hacken, dazugeben und würzen. Rotkohl gut durchziehen lassen.
Orange und Apfel schälen und würfeln. Banane schälen und in Scheiben schneiden. Alles zum Rotkohl geben. Mit Zitronen- und Orangensaft begießen. Rosinen in heißem Wasser waschen, trocknen und dazugeben. Honig mit dem Walnußöl vermengen und über den Salat geben. Mit Salz und Pfeffer abschmecken.

Würziges Erbsenpüree

(Beilage für 2 Personen)

200 g	getr., geschälte, grüne Erbsen
½ TL	schwarze Senfkörner
½ TL	Kreuzkümmel (ganz)
½ TL	Koriander (gem.)
¼ TL	Kreuzkümmel (gem.)
¼ TL	Ingwer (gem.)
½ TL	Gelbwurz (gem.)
2 EL.	Sonnenblumenöl
	Jodsalz

In einem Topf das Öl erhitzen. Sobald es heiß ist, Senfkörner und Kreuzkümmelsamen hineingeben. Den Topf verschließen und warten, bis die Körner zu tanzen beginnen. Topf vom Herd nehmen und warten, bis die Körner zur Ruhe gekommen sind.
Die anderen Gewürze und Erbsen hinzufügen, wieder auf den Herd stellen, kurz anrösten und mit heißem Wasser auffüllen.
Etwa 1½ Stunden kochen, bis die Erbsen breiig werden, eventuell zwischendurch Wasser hinzufügen. Abschließend vorsichtig salzen, kann dick- oder dünnflüssig serviert werden.
Tip: Unser Erbsenpüree ist leicht zuzubereiten und trotzdem sehr ausgefallen. Sie können es zu Reis oder Fladenbrot reichen. Mit einem leicht angedünsteten Gemüse, z. B. Auberginen, Tomaten, Zucchinis oder ähnlichem, können Sie so auf die Schnelle ein eindrucksvolles Essen zusammenstellen. Als Fleischbeilage empfehlen wir Kotelett vom Schwein oder Lamm.

Südindische Reistafel mit Kichererbsen

(Für 2 Personen)

100 g	Vollkornreis
200 g	Wasser
½	Tasse Kichererbsen
3	große Tomaten
3–4 EL	Kokosflocken
2–3 EL	Sahne
1–2	Knoblauchzehen
1	Lorbeerblatt
3–4	Nelken
¼ TL	Kardamom (gem.)
¼ TL	Zimt (gem.)
½ TL	Koriander (gem.)
½ TL	brauner Zucker
1	frischen grünen Chili (entkernt und fein gehackt)
2–3 EL	frische Korianderblätter (grob zerhackt) oder Petersilie
1 TL	Kreuzkümmel (ganz)
2–3	große Zwiebeln
1 EL	zerkleinerte, geröstete Erdnüsse oder Cashewnüsse
2 EL	Sonnenblumenöl
	Jodsalz

Die Kichererbsen über Nacht einweichen.
In einer Pfanne 1 EL Öl erhitzen und den Reis für etwa 2–3 Minuten anrösten, anschließend zur Seite stellen.
Tomaten für etwa 2–3 Minuten in heißes Wasser legen, anschließend mit eiskaltem Wasser übergießen und die Haut abziehen. Dann die Tomaten in einem Universalmixer oder mit dem Pürierstab mit Kokosflocken, Sahne und Knoblauch vermixen, bis ein feiner Brei entsteht.
In einem schweren, großen Topf oder Wok 1 EL Öl erhitzen und Kardamom, Zimt, Nelken und das Lorbeerblatt kurz anrösten. Chilis, Zwiebeln und Kreuzkümmelsamen zugeben und weiterrösten.
Die Tomate-Sahne-Kokospaste zusammen mit den restlichen Gewürzen hinzufügen. Für ca. 2–3 Minuten leicht köcheln, danach die abgeschütteten Kichererbsen und etwas frisches Wasser hinzufügen. Wenn es zu kochen beginnt, den Reis einrühren und vorsichtig salzen. Zugedeckt 20–30 Minuten kochen, dabei nicht umrühren.
Abschließend mit den Korianderblättern und den Nüssen bestreuen und heiß servieren.

Reisnudeln mit Linsen, Karotten und Spinat

(Für 4 bis 6 Personen)

400 g	Reisnudeln (ersatzweise Vollkornnudeln)
100 g	Linsen
1	Lorbeerblatt
¼ TL	Jodsalz
2 EL	Olivenöl
	Pfeffer
	Karotten
1 Stange	Bleichsellerie
1 Stange	Lauch
200 g	frischer Spinat
2	Knoblauchzehen

Abb. 2: Südindische Reistafel mit Kichererbsen

hitzen, die Linsen, Karotten, Sellerie und Lauch hinzufügen und unter Rühren 2 Minuten darin dünsten, den Spinat hinzugeben und ca. 150 ml Wasser dazugießen.
Alles zusammen noch ca. 8 Minuten köcheln lassen. Den Knoblauch feingehackt oder durchgepreßt dazugeben, mit Salz und Zitronensaft abschmecken.
In der Zwischenzeit die Nudeln nach Anweisung zubereiten.
Nudeln, Gemüse und Koriander miteinander vermischen. Nach Belieben geriebenen Parmesan oder zerbröckelten Ziegenfrischkäse darübergeben.

1 EL	gehackter frischer Koriander (ersatzweise Petersilie)
	Zitronensaft

250 ml Wasser mit Salz und Lorbeerblatt zum Kochen bringen. Die gewaschenen Linsen darin ca. 20 Minuten garen, dann abgießen, mit Pfeffer würzen und mit ein wenig Olivenöl beträufeln.
Die Karotten, den Sellerie und den Lauch putzen, waschen und fein würfeln. Den Spinat waschen und grob hacken. Das Olivenöl in einem Topf er-

Abb. 3: Reisnudeln mit Linsen, Karotten und Spinat

Feurige Gemüsepfanne
(Für 2 Personen)

100 g	Basmatireis
100 g	Kichererbsen
1	kleiner Blumenkohl
2	kleine Broccoli
3	mittlere Kartoffeln
3	Tomaten
½ TL	Kreuzkümmel (ganz)
¼ TL	Kreuzkümmel (gem.)
1	Knoblauchzehe
2 Msp.	frisch gemahlener schwarzer Pfeffer
½ TL	Gelbwurz (gem.)
1	Zitrone
1	frischen grünen Chili (entkernt und feingehackt)
1 TL	frischer Ingwer (geschält und feingehackt)
1 EL	Sonnenblumenöl
	Jodsalz
	Wasser

Kichererbsen über Nacht in kaltem Wasser einweichen.
Am nächsten Tag den Reis etwa 30 Minuten in kaltem Wasser einweichen. Die Kichererbsen im Einweichwasser etwa 1½ Stunde kochen. Das Wasser durch ein Sieb abgießen, abtropfen lassen.
Das Gemüse waschen und zerkleinern. In einem großen Topf das Öl erhitzen und darin die Gewürze leicht anrösten. Das Gemüse dazugeben und kurz anbraten.
Den Reis und die Kichererbsen abschütten, dazugeben und etwas Wasser angießen. Vorsichtig salzen und für 30 Minuten garen, das Gemüse sollte bißfest und die Kichererbsen weich sein. Zum Schluß den Saft einer Zitrone hinzufügen, nochmals leicht umrühren.
Die Feurige Gemüsepfanne sollte nicht zu trocken und nicht zu flüssig sein, gegebenenfalls noch etwas Wasser unterrühren.
Information: Basmatireis ist ein besonders edler und wohlschmeckender Reis, allerdings ist er nicht mehr vollwertig. Wir meinen aber, daß Sie sich hin und wieder diesen Genuß gönnen sollten.

Nudel-Gemüse-Salat
(Für 4 Personen)

150 g	Vollkornteigwaren, z. B. Penne
½	rote Paprikaschote
½	gelbe Paprikaschote
1	Aubergine (200 g)
1	Zucchini (200 g)
1	Zwiebel
1	Knoblauchzehe
1	EL Olivenöl
	Jodsalz
	Pfeffer
50 g	schwarze Oliven

Abb. 4: Feurige Gemüsepfanne

Für die Marinade:

2 EL	Balsamico (oder anderen Essig)
4 EL	Olivenöl
	Jodsalz
1 Prise	Zucker
	Thymianblättchen

Die Nudeln nach Anweisung kochen, abgießen und abtropfen lassen.
Das Gemüse putzen, waschen und kleinschneiden. Zwiebel und Knoblauch abziehen, fein würfeln und im heißen Öl andünsten. Das Gemüse nacheinander ca. 3 Minuten darin braten, vorsichtig salzen und pfeffern und zusammen mit den Oliven unter die Nudeln mischen.
Die Zutaten für die Marinade verrühren und über den Salat gießen, mit Thymian bestreuen.

Sojamilch

300 g	gelbe Sojabohnen
3 l	Wasser

Bohnen mindestens 12 Stunden lang, am besten über Nacht, in einer Schüssel mit etwa 1,5 l Wasser einweichen. Am nächsten Tag das Einweichwasser wegschütten, die Bohnen in einem Durchschlag gründlich abspülen und 3 l kochendes Wasser bereitstellen. Einen Durchschlag oder ein großes Haushaltsdrahtsieb mit einem Passiertuch oder einer Baumwollwindel ausschlagen und in einen möglichst großen Topf hängen. Eine kleine Menge der eingeweichten Bohnen (je nach Größe des Mixers etwa ein Fünftel bis ein Viertel der Bohnenmenge) mit einer entsprechenden Menge kochenden Wassers in eine Rührschüssel geben und ca. 2 Minuten lang mixen. Die pürierten Bohnen durch das vorbereitete Sieb gießen. Auf diese Weise nach und nach alle Bohnen pürieren und durchseihen. Währenddessen das Püree hin und wieder mit einem Löffel rühren, damit die Sojamilch besser abläuft. Zum Schluß die Rührschüssel mit dem Rest des kochenden Wassers ausspülen und ebenfalls in das Sieb gießen. Das Püree im Sieb solange rühren, bis es die Konsistenz von Grießbrei hat. Dann das Tuch zusammendrehen und das Püree möglichst gut ausdrücken.
Den Rückstand im Tuch, das sogenannte Okara, in eine Schüssel füllen und zur weiteren Verwendung in den Kühlschrank stellen.
Die abgeseihte Sojamilch unter ständigem Rühren zum Kochen bringen. Sojamilch schäumt wesentlich stärker als

Abb. 5 a–c: Herstellung von Sojamilch: Die Sojabohnen werden eingeweicht, püriert und ausgedrückt, die Milch dann aufgekocht.

Kuhmilch, deshalb vorsichtig erwärmen. Die Milch dann mindestens 5 bis 10 Minuten kochen lassen, um den giftigen Trypsinhemmer zu zerstören, der in allen Bohnenarten enthalten ist.
Die Sojamilch hält sich ca. 5 Tage lang im Kühlschrank. Im Vergleich zur normalen Kuhmilch enthält sie 50 % mehr Eiweiß, 16 % weniger Kohlenhydrate, 24 % weniger Fett und insgesamt 12 % weniger Kalorien. Das einzige, was der Sojamilch im Vergleich zur Kuhmilch praktisch vollkommen fehlt, ist Calcium.
Wenn Sie aus Sojamilch Tofu herstellen möchten, so sollte dies möglichst direkt geschehen. Natürlich können Sie diese Milch aber auch sofort genießen: pur, mit Sojasauce gewürzt, mit Lightsüß HT, Apfelsüße HT oder Honig gesüßt oder mit Frusip zu einem schmackhaften Fruchttrunk verarbeitet.

Sojatrunk Himbeere HT
(Für 1 Person)

100 ml	Sojamilch
1 Meßl.	Frusip Himbeere
2 Meßl.	Apfelsüße HT oder
	1 Tabl. Lightsüß HT

Zutaten zusammengeben, umrühren und genießen.

Sojatrunk Banane HT
(Für 1 Person)

100 ml	Sojamilch
2 Meßl.	Frusip Banane
2 Meßl.	Apfelsüße HT oder
	1 Tabl. Lightsüß HT

Zutaten zusammengeben, umrühren und genießen.

Sojatrunk Ananas HT
(Für 1 Person)

100 ml	Sojamilch
2 Meßl.	Frusip Ananas
2 Meßl.	Apfelsüße HT oder
	1 Tabl. Lightsüß HT

Im Vergleich zur Kuhmilch flockt Sojamilch wesentlich schneller aus. Die Milch ist deshalb nicht verdorben, das Eiweiß der Milch hat sich dabei nur zusammengeknäult. Dieses Ausflocken kann man bei Sojamilch aber auch bei Kuhmilch beobachten, wenn sie mit säurehaltigen Lebensmitteln, z.B. Fruchtsäften, vermengt werden. Viele Menschen mögen ausgeflockte Milch nicht. Machen Sie sich mit Sojamilch deshalb langsam vertraut und probieren Sie die verschiedenen Einsatzmöglichkeiten nach und nach aus.
Übrigens reichen leider die Säuren, die im Bohnenkaffee enthalten sind, bereits aus, um der Sojamilch den Garaus zu machen. Verwenden Sie deshalb hierfür pflanzlichen Kaffeeweißer.
Damit Sie das eiweißreiche Okara, das bei der Sojamilchherstellung anfällt, nicht wegwerfen müssen, hier eine Anregung zur schmackhaften Weiterverarbeitung.

Okara Früchtebrot

2	große Äpfel
2	große Birnen
100 g	Trockenobst, z.B. Rosinen, Aprikosen, Feigen etc.
500 g	Weizenvollkornmehl
50 g	Hafercrispies HT Super
250 g	Okara
1 Päckchen	Backpulver
3 EL	Apfelsüße HT
1–2 EL	Soja-, Sesam- oder Sonnenblumenöl
2 TL	Zimt
½ TL	Lebkuchengewürz HT

Äpfel und Birnen schälen und grob raffeln. Trockenobst klein schneiden und unterrühren. Mehl mit Okara, Hafercrispies und Backpulver mischen und zu den Früchten geben. Alles gut vermengen, dann Apfelsüße, Öl, Zimt und Lebkuchengewürz zufügen und mit den Händen zu einer homogenen Masse verkneten.
Sollte der Teig zu feucht sein, empfiehlt es sich, weiter löffelweise Mehl zuzugeben, bis er nicht mehr klebt. Den Teig in eine geölte Kastenform drücken und im vorgeheizten Backofen bei 180 °C mindestens 1 Stunde gut ausbacken.

Tofu
(ergibt etwa 700 g)

2,5 l	Sojamilch
4 TL	Zitronensaft

Den Zitronensaft vorsichtig mit einem Kochlöffel in die noch heiße Sojamilch (80 bis 85 °C) einrühren. Nach kurzer Zeit bilden sich große weiße Flocken und eine klare grünliche Molke. Nach 10 bis 20 Minuten ist die Gerinnung abgeschlossen. Je langsamer dieser Prozeß verläuft, um so höher ist der Eiweißertrag.
Wie bei der Quark- oder Käseherstellung muß nun die überschüssige Molke ablaufen. Üblicherweise wird hierfür ein Preßkasten verwendet, den man leicht selbst bauen oder aber kaufen kann. Der Preßkasten wird zuerst mit einem Baumwolltuch ausgelegt und

dann auf ein entsprechendes Gefäß zum Auffangen der Molke gesetzt. Dann Molke und ausgeflockten Tofu vorsichtig in den Preßkasten gießen, das Baumwolltuch zusammenschlagen und das Ganze mit einem Gewicht beschweren. 15 Minuten lang pressen.
Es kann aber ebenso eine aus zwei großen Haushaltsbrettern und zwei Schraubzwingen selbstgebaute Presse verwendet werden. Dazu zunächst einen Durchschlag mit einem Baumwolltuch auslegen, in einen Topf zum Auffangen der Molke hängen und die Tofumasse abseihen. Das Baumwolltuch zusammenschlagen, das Ganze auf ein Brett legen, das zweite Brett oben drauflegen und die Zwingen seitlich befestigen und anziehen. Zum Ablaufen der Molke die Bretter senkrecht aufstellen. Auch hier gilt: 15 Minuten pressen. Tofu aus dem Tuch wickeln und in ein Gefäß mit Wasser gleiten lassen. Im Kühlschrank läßt er sich 5 bis 7 Tage aufbewahren. Dabei sollte das Wasser jeden Tag gewechselt werden.
Molke eignet sich mit viel Wasser verdünnt als Spülmittel oder als Schönheitswaschmittel für die Haut. Sojamilch ist sehr eiweißreich, außerdem enthält sie auch geringe Anteile an Eisen. Tofu können Sie pur essen, braten, fritieren, kochen, überbacken oder auch grillen. Sie können ihn mit Saucen verfeinern, wie Eierstich in Suppen verwenden oder zu Salat servieren. Tofu eignet sich als Vorspeise, als Hauptgericht und sogar als Dessert. Seine vielfache Verwendbarkeit verdankt Tofu seinem relativ schwachen Eigengeschmack. Der gestattet auch, ihn sowohl salzig als auch süß, scharf oder sauer zuzubereiten.

Abb. 6: Auch aus Sojamilch können Sie hervorragende Mixgetränke herstellen. Ein kühler Spaß für heiße Tage!

Mabo-Tofu

(Für 2 Personen)

500 g	Tofu
3 EL	Öl
1	zerdrückte Knoblauchzehe
1	Stange Porree
1	rote Paprika
1	grüne Paprika
2 gehäufte TL	Tomatenmark
1 Tasse	Wasser
Marinade:	
3 EL	Sojasauce
2 EL	trockener Sherry
1 TL	Worcestershiresauce
1 TL	Salz
1 TL	Zucker
1 Msp.	Cayennepfeffer

Den Tofu in ½ cm dicke Scheiben schneiden und eine halbe Stunde lang marinieren. Währenddessen Porree und Paprika putzen, in dünne Scheiben schneiden, in Öl andünsten, Knoblauch und Tofu dazugeben, vorsichtig wenden. Zum Schluß das Tomatenmark und die restliche Marinade dazugeben und kurz aufkochen. Mit Bindix HT leicht andicken und mit Reis servieren.

Richtige Ernährung contra Candida

Abb. 1: Pilze gibt es in den verschiedensten Erscheinungsformen.

Pilze sind recht eigentümliche Geschöpfe der Natur. Sie gedeihen in der Regel im Dunkeln, denn sie betreiben keine Photosynthese und sind deshalb vom Licht der Sonne völlig unabhängig. Seit Jahrtausenden nutzen die Menschen ihre geheimnisvollen Kräfte. Für die Maja und Azteken waren bestimmte Pilze sogar eine Art Mittler zwischen den Göttern und dem Menschen. Ihre halluzinogenen Inhaltsstoffe machten sie zu begehrten Kultobjekten, ihre Einnahme war strengen Ritualen unterworfen. In den mittelamerikanischen Hochkulturen verwendeten die Menschen vor allem Teonanacatl – den „heiligen, göttlichen Pilz", der farbenprächtige Visionen hervorruft. Man war davon überzeugt, daß sich im Rausch die Götter offenbarten. So nimmt es nicht wunder, daß die Menschen dieser Kulturen regelrechte Pilzgötter verehrten.

Auch für die modernen Wissenschaftler sind Pilze etwas Einzigartiges, sie werden weder den Tieren noch den Pflanzen zugeordnet. Sie stellen also ein eigenes Reich dar – ein Reich, das normalerweise im Verborgenen liegt. Bei den großen Pilzen treten die Fruchtkörper, die wir später als Champignon, Steinpilz oder Pfifferling zu uns nehmen, hin und wieder in Erscheinung.

Ganz anders die winzigen Mikropilze: Sie bleiben vom ungeübten Auge meistens unentdeckt. Doch obgleich wir ihn kaum sehen können, ist ein Mikropilz seit einigen Jahren ganz groß ins Gerede gekommen. Es handelt sich um „Candida albicans". Er befällt den Menschen und kann Auslöser verschiedener Symptome sein. Häufig macht er sich direkt nicht bemerkbar,

denn normalwerweise kann sich das menschliche Immunsystem gegen ihn erfolgreich zur Wehr setzen. Sobald aber unser Abwehrmechanismus aus irgendeinem Grund geschwächt wird, kann sich der Pilz vermehren und ausbreiten. Die Einnahme von Breitspektrum-Antibiotika, Krebsmedikamenten oder von Cortison, auch in Form von Sprays, können eine derartige Immunschwäche hervorrufen. Bisweilen gelangt dann der Pilz, ausgehend vom Magen-Darm-Trakt, in die Blutbahn und von dort in jedes innere Organ.
Die Krankheitssymptome wie Blähungen, Völlegefühl, Druck gegen das Zwerchfell, Luft im Magen sind sehr unspezifisch, so daß erst eine genauere Untersuchung Klarheit schaffen kann. Wird ein Candida-Befall im Magen-Darm-Trakt vermutet, so wird der Arzt zunächst den Stuhl in einem Fachlabor untersuchen lassen. Allerdings kommt es gerade bei Pilzerkrankungen immer wieder zu Fehldiagnosen, wie uns der kürzlich verstorbene Nestor der deutschen Mykologie (Pilzkunde), Professor Hans Rieth, immer wieder versichert hat.
Wir haben schon vor einigen Jahren in einer wissenschaftlichen Fernsehsendung mit dem Titel „Mikropilze: Gefahr und Chance zugleich" auf dieses Problem hingewiesen und seinerzeit eine Liste von Anlaufstellen zusammengestellt, die Ihnen sachkundig weiterhelfen können. Leider haben viele Ärzte während ihrer Ausbildung nicht gelernt, Candida albicans zu diagnostizieren, deshalb schließen sie häufig auf ein „normales" Mund-, Magen- oder Darmleiden oder machen eine organische Nieren-, Leber- oder sogar Herzerkrankung für die Beschwerden verantwortlich.
Erst seit kurzem hat sich die Wissenschaft dem Problem intensiver gewidmet. Dabei haben sich zwei Denkrichtungen herauskristallisiert: Eine Gruppe von Wissenschaftlern meint, daß eine Magen-Darm-Candidose praktisch jeden treffen kann; die andere, daß innere Organe i.d.R. nur bei schwerkranken Patienten, wie z.B. Menschen, die unter AIDS oder Krebs leiden, befallen werden. Wir denken, solange noch keine Einigkeit besteht, sollten Verdachtsmomente, die nach Ansicht der ersten Gruppe auf Pilze hinweisen, ausgeräumt werden.

Symptome, die auf einen Befall mit Pilzen hinweisen können:
- Blähungen
- Wechselnde Stuhlqualität: Durchfall und Verstopfung
- Juckreiz am Darmausgang
- Heißhungerattacken
- Übergewicht
- Eisenmangel
- Zinkmangel
- Chronische Müdigkeit
- Fettleber
- Erhöhte Leberwerte
- Migräne
- Infektionsanfälligkeit
- Chronische Blasen- und Scheidenentzündungen
- Prostataentzündung
- Hyperkinetisches Syndrom
- Gelenkschmerzen
- Muskelschmerzen
- Herzbeschwerden
- Hautveränderungen, z.B. Schuppungen oder Pseudoakne
- Nahrungsmittelunverträglichkeiten
- Alkoholunverträglichkeit
- Karies.

Bei Kindern außerdem:
- Blähungskoliken
- Windeldermatitis.

Wir möchten hier noch mal ausdrücklich betonen: Alle Symptome können, müssen aber nicht auf einen Befall mit Pilzen hindeuten, und auch der Nachweis von Candida im Stuhl kann, muß aber nicht unbedingt Anzeichen für eine Pilzerkrankung sein. Nur ein Arzt kann das Puzzle aus Ihren speziellen Krankheitssymptomen und seinen Untersuchungsergebnissen richtig zusammensetzen. Wenn Sie der Meinung sind, daß Ihr Arzt mit Pilzerkrankungen nicht vertraut genug ist, dann lassen Sie sich zu einem speziellen Mykologen überweisen. Doktern Sie auf keinen Fall selbst an sich herum.
Allerdings können Pilze dem Menschen nicht nur schaden, sie können ihm auch nützen. Wer weiß, ob in einem unscheinbaren Pilz nicht der Wirkstoff verborgen ist, der uns im Kampf gegen bisher unheilbare Krankheiten weiterhilft. Schon einmal hat ein Pilz die Medizin revolutioniert. Das Antibiotikum Penicillin stammt aus einer Pilzkultur, einem Schimmelpilz mit dem wissenschaftlichen Namen *Penicillium notatum*, was auf Deutsch soviel heißt wie „Pinselchen".
Die Nutzung von Pilzen oder deren Extrakten ist an sich nichts Neues. Schon die alten Ägypter verwendeten sie z.B. zum Brotbacken, wenngleich sie auch nicht wußten, daß sich neben Milchsäurebakterien ein Hefepilz in ihrem Sauerteig eingeschlichen hatte. Pilze sind es auch, die an der Herstellung so klassischer Nahrungs- und Genußmittel wie Käse, Bier, Wein, Sekt usw. beteiligt sind.

Abb. 2: Penicillium notatum – auch ein Pilz – in starker Vergrößerung.

Abb. 3: Achten Sie bei ungemahlenem Getreide auf schwarze, giftige Mutterkörner.

Dank der modernen Wissenschaft kennen wir heute genau die Wirkungsmechanismen. Doch wie viele Menschen mögen bis dahin krank geworden sein, bis man wußte, was genießbar war und was nicht. Wie viele Menschenopfer mag es gekostet haben, bis man beispielsweise erkannte, daß bestimmte Mikropilze – wie die Backhefe – äußerst segensreich sein können, andere aber tödlich wirken. Bestimmte Schimmelpilze – dazu gehört u.a. auch der Brotschimmel – und deren Stoffwechselprodukte sind starke Krebsauslöser. Im Produzieren verborgener Gifte sind die Pilze wahre Meister. Schon im ausgehenden Mittelalter erkannte man beispielsweise, daß das sogenannte Antoniusfeuer, eine Krankheit, die einen qualvollen Tod zur Folge hat, keine ansteckende Seuche war, sondern auf einen Pilzbefall des Getreides zurückzuführen war. Der Pilz wuchert dabei in das wachsende Korn hinein. Es entsteht das sogenannte Mutterkorn, das deutlich an einer Schwarzfärbung und an einer unnatürlichen Vergrößerung auszumachen ist. Schon 5 bis 10 g dieser Körner können tödlich sein. Aber auch geringere Mengen können durchaus schon schädlich wirken, wenn sie z.B. im Brot eingebacken sind. Schmerzhafte Krämpfe, zentralnervöse Störungen und psychische Veränderungen können die Folge sein. Die gefährlichen Mutterkörner lassen sich allerdings wegen ihrer auffälligen Korngröße mit einem Getreidesieb leicht aussondern. Falls Sie sich hin und wieder ungemahlenes Getreide kaufen, insbesondere aus einem Bioladen, so möchten wir Ihnen sicherheitshalber empfehlen, das Getreide vor der weiteren Verwendung nach solchen schwarzen Körnern zu untersuchen. Dies ist schnell geschehen, und hin und wieder findet man noch ein „schwarzes Schaf" im Sack.

Krankheiten, die von Mikropilzen hervorgerufen werden, sind verbreiteter, als man meint. Besonders häufig treten

Fuß- und Hautpilze auf, ca. 15% der Menschen sind davon betroffen, in Ballungsräumen können es bis zu 30% sein. Aber darüber hinaus können die verschiedenen Pilze auch unsere Haare, den Mund, die Lungen, den Magen, den Darm usw. befallen, ja selbst in unsere Blutbahn können sie eindringen. Diese Pilze stammen entwicklungsgeschichtlich ursprünglich aus dem Boden. Im ökologischen System hatten sie die Aufgabe, tote Tiere, insbesondere deren Haut und Haare, aber auch Federn zu zersetzen. Erst später haben sie sich auf lebende Körper spezialisiert. Über die Tiere sind sie dann auch zum Menschen gelangt.
Haut- und Fußpilze sind für den Menschen nicht lebensbedrohend, gefährlich hingegen ist eine Gruppe von Pilzen, die innere Organe befällt. In Deutschland sterben jährlich etwa 10000 Menschen an solchen Pilzen. Es handelt sich hierbei vor allem um Schimmel- und Hefepilze. Fälschlicherweise werden sie von vielen Menschen zur normalen Mund-, Magen- und Darmflora gezählt, und leider unterliegen diesem Irrtum verhängnisvollerweise auch unzählige Ärzte, insbesondere Internisten. Aber, und das haben wir von Professor Rieth eindeutig bestätigt bekommen: Es gibt keine Pilze, die für den menschlichen Körper förderlich sind.
Andererseits konnte in den letzten Jahren eine wahre Patientenhysterie beobachtet werden. Auslöser hierfür sind vor allem einige preiswerte, dem Anschein nach populärwissenschaftliche Bücher, häufig aus dem Amerikanischen übersetzt. Wer ein solches Buch gelesen hat, kann sicher sein, sich anschließend pilzkrank zu fühlen. Bisweilen werden in diesen Büchern ausgesprochen fragwürdige Therapievorschläge gemacht: Weil Candida albicans zur Gattung der Hefen zählt, wird beispielsweise der Verzicht auf alle hefehaltigen Produkte wie Brot, Kuchen usw. angeraten. Mit der gleichen Logik dürften wir, weil einige Bakterien Krankheiten auslösen, kein Joghurt oder Quark mehr essen, denn diese werden unter Mitwirkung von Milchsäurebakterien hergestellt. Wirklich unverantwortlich sind angeratene Tests zur Selbstdiagnose: Wer diese durchführt, muß sich zwangsläufig krank fühlen, denn wer hat nicht schon einmal Jucken an Nase und Augen, Verstopfungen, Blähungen, Mißmutigkeit, Gedächtnisstörungen usw. Ein großer Teil der auf dem Markt befindlichen „Pilzbücher" sind reine Scharlatanerie.
Inzwischen hat es den Anschein, daß sich die Forschung und die Pharmaindustrie, nachdem Pilzerkrankungen fälschlicherweise lange Zeit unterbewertet wurden, der Entwicklung von Medikamenten weitaus intensiver widmen, als es bisher der Fall war. Deshalb an dieser Stelle ein Wort zum Thema Medikamente: Falls Ihr Arzt die Diagnose gestellt hat, daß Ihr Magen-Darm-Trakt von einem Candida-Pilz befallen ist, so sollten Sie die Empfehlung von Professor Rieth beherzigen, dagegen ein Medikament mit den Wirkstoffen Amphotericin B (oral) oder Nystatin einzusetzen. Der Vorteil dieser Wirkstoffe liegt darin, daß sie nach der Einnahme nicht über den Darm ins Blut aufgenommen werden, sondern nach der Darmpassage unverändert mit dem Stuhl ausgeschieden werden. Deshalb sind die Nebenwirkungen in der Regel sehr gering. Besprechen Sie dies mit Ihrem Arzt, er kann am besten entscheiden, mit welchem Medikament Ihnen vor diesem Hintergrund am besten gedient ist.
Die geringen Nebenwirkungen erlauben es darüber hinaus, diese Medikamente auch bei Neugeborenen zu verordnen, bei denen hin und wieder sogenannter Mundsoor auftritt. Hierbei handelt es sich ebenfalls um eine Candida-Pilzerkrankung, die sich die Babys während der Geburt im Vaginaltrakt der Mutter zuziehen. Deshalb ist eine Untersuchung der Vaginalflora auf Pilze in der Schwangerschaft überaus wichtig.
Übrigens gibt es ernstzunehmende Hinweise darauf, daß auch Teebaumöl einem Befall mit Pilzen wirksam vorbeugen kann.

Tausendsassa Teebaumöl

Dr. Kurt Schnaubelt berichtet in seinem Buch „Neue Aromatherapie", daß das Teebaumöl wegen seiner unglaublichen antimikrobiellen Eigenschaften ein regelrechter Tausendsassa ist. Er empfiehlt es wegen seines extrem breiten Wirkungsspektrums nicht nur für die Reiseapotheke, sondern er rät auch zur Anwendung bei Entzündungen der Mundschleimhaut und des Zahnfleischs sowie vor allem auch bei bakteriellen, candida-bedingten oder viralen Darm- und Dickdarmentzündungen.
Schon oft haben wir in der Hobbythek über Teebaumöl berichtet, denn leider ist dieses ätherische Öl bei uns noch recht unbekannt. Gewonnen wird es aus dem australischen Baum *Melaleuca alternifolia*. Trotz seines Namens hat

Teebaumöl nichts mit schwarzem Tee zu tun, auch seine Inhaltsstoffe unterscheiden sich völlig.
Die Aborigines, die australischen Ureinwohner, haben das Wissen um die Heilkraft des Teebaumöls an die moderne Wissenschaft weitergegeben. Dabei wurden zum Teil uralte Überlieferungen durch heutige Forschungsmethoden in ihren Aussagen glänzend bestätigt. Es gibt übrigens etwa 100 unterschiedliche Teebaumarten, aber nur eine Stammpflanze, der die Heilwirkungen in der gesamten Breite zugeschrieben werden. Achten Sie also beim Kauf unbedingt darauf, daß das Öl mit „Melaleuca alternifolia" gekennzeichnet ist. In Australien ist Teebaumöl auch nach schulmedizinischen Aspekten anerkannt.

Für eine erfolgreiche „Entpilzung" ist es absolut notwendig, daß Sie sich begleitend „pilzfeindlich" ernähren. So können Sie zum einen das weitere Pilzwachstum hemmen und zum anderen die verfilzten Pilz-Brutstätten auflösen. An dieser Stelle möchten wir aber auch eine Warnung weitergeben, die uns von Pilzexperten immer wieder ans Herz gelegt wurde: Eine reine Ernährungsumstellung – und dazu gehört auch die 0-Diät – zur Abwehr und Bekämpfung einer bestehenden Pilzerkrankung ohne eine begleitende medikamentöse Behandlung ist gefährlich. Pilze können sich sehr schnell an veränderte Lebenssituationen anpassen. Auf der Suche nach neuen Nahrungsquellen können sie durch die Darmschleimhaut dringen, gelangen so in das Innere unseres Körpers und damit auch in unsere Blutbahnen. Von dort aus können die Pilze nun jedes innere Organ befallen und zu weitaus schwereren Erkrankungen führen. Deshalb an dieser Stelle zunächst die wichtigsten Ernährungsregeln:

- Zucker verboten!
  Der Pilz liebt vor allem Süßes. Deshalb dürfen bei Pilzbefall weder Schokolade, Bonbons, Eiscremes noch andere Leckereien wie der Zucker im Kaffee und Tee, Torten, Kuchen und Kekse, Marmelade, Honig, Nuß-Nougat-Cremes usw. verzehrt werden.
- Weißmehl meiden!
  Auch Weißmehlprodukte, wie z.B. Weißbrot, Brötchen, Croissants, Baguettes, Pfannkuchen, Nudeln usw. sollten möglichst vollkommen von der Speisekarte gestrichen werden. Weißmehle bzw. helle Auszugsmehle sind dem Pilz fast genauso willkommen wie Zucker, weil sie in unserem Verdauungstrakt durch Enzyme in kleine Teile zerlegt werden. Diese wiederum sind nichts anderes als „Zuckerstückchen", denn Stärke besteht aus einer langen Kette von Traubenzuckerbausteinen. Aus dem gleichen Grund sollten auch geschälter weißer Reis und Auszugsmehle von anderen Getreidearten, wie z.B. von Roggen gemieden werden.
  Vollkornmehle und damit auch Vollkornbrot, Vollkornnnudeln oder Vollkornreis sind für eine Anti-Pilz-Kur zwar besser geeignet, da aber auch diese Produkte neben einem erhöhten Anteil an Mineralstoffen, Vitaminen und vor allem Ballaststoffen zum größten Teil aus Zuckerbausteinen bestehen, sollte auch ihr Verzehr vorübergehend eingeschränkt werden.
- Obst und Fruchtsäfte meiden!
  Candida ist, was die Herkunft des Zuckers betrifft, nicht sonderlich wählerisch. Er entwickelt sich auch prächtig mit Fruchtzucker, der in Obst und Fruchtsäften in Hülle und Fülle enthalten ist. Bananen, Äpfel, Pflaumen, Birnen usw. sollten Sie deshalb genauso meiden wie Fruchtsäfte und natürlich auch Limonaden jeglicher Art.
- Ballaststoffe sind wichtig!
  Ballaststoffe halten den Darm auf Trab und helfen so entscheidend mit, die Pilze langsam, aber sicher hinauszukomplimentieren. Da Vollkornprodukte nur noch in Maßen genossen werden sollten, sollten Sie verstärkt Gemüse und eventuell auch Ballaststoffkonzentrate auf Ihren Speiseplan setzen. Ballaststoffkonzentrate haben den Vorteil, daß Sie wenig Kohlenhydrate in Form von Stärke enthalten, die im Verdauungstrakt zu Zucker aufgespalten werden können. Solche Ballaststoffkonzentrate sind im Handel in reichlicher Auswahl zu erhalten. Geeignet sind auch Produkte aus dem Hobbythek-Programm: Hafer-Crispies HT Super und Apfel-Weizen-Ballast HT.

Folgende Lebensmittel sind für eine Anti-Candida-Kur erlaubt und geeignet. Wir haben uns mit dieser Auswahl streng an die Empfehlungen von Professor Rieth gehalten:

Frühstück und Abendessen:
Knäckebrot mit Butter oder Margarine, belegt mit Käse, Quark, Wurst oder Fisch.
Joghurt, Dickmilch und Kefir natur, eventuell angereichert mit Ballaststof-

fen wie z.B. Haferspeisekleie, Hafer-Crispies HT Super oder Apfel-Weizen-Ballast HT.
Milch und Sahne.
Tomaten, Gurken oder Salat.
Eier.

Mittagessen:
Gemüse, Kartoffeln.
Fisch (unpaniert), Fleisch (unpaniert).
Salat.
Speisefette jeglicher Art zum Braten, Dünsten oder Anrichten.
Salz und Gewürze.
Saucen sollten nicht mit Stärke gebunden werden. Verwenden Sie besser ein Bindemittel, das Johannisbrotkernmehl enthält, z.B. Bindix HT.

Getränke:
Nur ungesüßt oder mit Süßstoff, z.B. Lightsüß HT gesüßt.
Alle Teesorten, wie z.B. Früchtetee, Kamillentee, Fencheltee, Matetee usw.
Kaffee.
Mineralwasser.
Trockene Weine, ein kleines Bier, trockener Sekt (in Maßen).

Zum Schluß möchten wir noch auf eine Pflanze hinweisen, die die Kraft besitzt, unser Immunsystem zu stärken und unseren Körper vor Angriffen von Krankheitserregern zu schützen.

Abb. 4: Tee, z.B. Früchtetee, sollte unter Ihren Geränken an vorderer Stelle stehen.

Echinacea – Eine mittelamerikanische Schönheit stärkt die Abwehrkräfte

Die Sioux-Indianer haben dieses Geschenk der Natur schon seit Jahrhunderten genutzt. Der rotblühende Kreuzblütler mit dem botanischen Namen *Echinacea purpurea* hat bemerkenswerte Wirkungen. Eine der wesentlichen ist die Stärkung des Immunsystems. Die Pflanze wird auch Roter Sonnenhut genannt und bereichert als winterharte Staude die Blütenpracht in manchem unserer heimischen Gärten. Die Indianer nutzten den aus der blühenden Pflanze ausgequetschten Saft, um damit Wunden und Verletzungen, aber auch Insektenstiche und

Schlangenbisse zu behandeln. Die moderne Arzneikunde hat dies im nachhinein als äußerst sinnvoll belegt. Systematische wissenschaftliche Forschungen haben auch bewiesen, daß der Preßsaft die Anzahl der Helferzellen und Freßzellen – das sind sozusagen die Soldaten unseres Immunsystems – bei innerer Einnahme vermehrt und gleichzeitig ihren Appetit auf eingedrungene Erreger verstärkt. Kein Wunder, daß das Bundesgesundheitsamt diesem Saft sogar eine Monographie zuerkannt hat. Damit kann der Preßsaft aus der Echinacea-Pflanze offiziell auch als Medikament bezeichnet werden.

Es gibt verschiedene Präparate in Apotheken und Drogerien und eventuell auch in den Läden, die die Produkte führen, die zur Realisierung der in der Hobbythek vorgestellten Rezepte notwendig sind. Eine Kur sollte maximal 4–8 Wochen dauern, danach legt man eine Pause ein. Wiederholen kann man eine solche Kur bis zu 4- bis 6mal pro Jahr. *Tagesdosis:* Etwa 3×40 Tropfen oder 3×1 TL des Preßsaftes.

Immuntrunk der Hobbythek

1 TL	Echinacea-Preßsaft, alkoholfrei
3 Meßl.	Frusips (bei Konzentration 1:40) bzw. 6 Meßl. Frusips (bei Konzentration 1:20)
200 ml	Wasser
1 Msp.	Konfilight

Zutaten in einem Glas zusammengeben, umrühren und damit das Immunsystem stärken.

Abb. 5: Indischer Blumenkohl

Indischer Blumenkohl
(Für 4 Personen)

1	Blumenkohl
4	mittelgroße Kartoffeln
100 g	Zuckerschoten
1	Zwiebel
1 Stück	frischer Ingwer (ca. 3 cm)
½ TL	Kurkuma
½ TL	gemahlener Koriander
	Muskat
	Salz, Pfeffer
3	Knoblauchzehen
3 EL	Sonnenblumenöl

Den Blumenkohl in Röschen teilen und waschen. Die Kartoffeln schälen und würfeln, die Zuckerschoten dritteln oder halbieren.

Das Öl in einem breiten Topf oder einer Pfanne erhitzen, die Zwiebel und den Ingwer feinwürfeln und darin andünsten, anschließend die Gewürze hinzufügen und weiter dünsten lassen.

Nacheinander das Gemüse hineingeben und unter Rühren leicht anbraten. Etwas Wasser hinzufügen und alles im geschlossenen Topf ca. 15–20 Minuten weichdünsten.

Abschließend den Knoblauch pressen und untermischen, evtl. noch mit Salz, Pfeffer und Zitronensaft abschmecken. Dazu paßt ein Tomatensalat, bestreut mit Schnittlauch.

Bunter Gemüseteller
(Für 2 bis 3 Personen)

3–4	große Kartoffeln
½	Blumenkohl
150 g	Rosenkohl oder 150 g Broccoli oder 1 Kohlrabi
1	rote Paprika
1	grüne Paprika
1	mittlere Zucchini
2–3	Tomaten
1–2	Karotten
½ TL	schwarze Senfkörner
½ TL	Kreuzkümmel (ganz)
¼ TL	Kreuzkümmel (gem.)
½ TL	Koriander (gem.)
¼ TL	Koriandersamen (ganz)
2 Msp.	Nelken (gem.)
½ TL	Ingwer (gem.)
½ TL	Gelbwurz (gem.)
2 Msp.	schwarzer, frisch gemahl. Pfeffer
1–2 EL	Distelöl
200 g	Crème fraîche oder Schmand
	Jodsalz

Die Kartoffeln schälen und in grobe Würfel schneiden. Das Gemüse waschen und grob zerkleinern.
In einem großen Topf oder Wok Öl erhitzen und die Senfkörner und Kreuzkümmelsamen darin zugedeckt aufplatzen lassen. Wenn sie im Fett tanzen, den Topf vom Feuer nehmen und warten, bis sie zur Ruhe gekommen sind. Den Deckel abnehmen und die anderen Gewürze hinzugeben. Leicht anrösten und Kartoffeln und Gemüse dazugeben. Etwa 3–4 Minuten kräftig anbraten, danach etwas Wasser zugeben und zugedeckt garen lassen, bis alle Gemüsesorten bißfest sind.

Abb. 6: Bunter Gemüseteller

Zum Schluß vorsichtig salzen und Crème fraîche unterrühren, zugedeckt 5 Minuten ziehen lassen.

Frisches Gemüse in Curryrahm
(Für 2 bis 3 Personen)

200 g	frische grüne Erbsen (oder tiefgefroren)
1	große rote Paprika
3	große Tomaten
2 Msp.	schwarzer frisch gemahlener Pfeffer
½ TL	Ingwer
1 Msp.	Chilipulver
1 kleiner Bund	frisches Korianderkraut (oder Kerbel)
1 EL	Distelöl
150 g	Frischkäse oder Crème fraîche
	Jodsalz

Paprika waschen, entkernen und in längliche, schmale Streifen schneiden. Tomaten und Korianderkraut waschen und grob zerkleinert in einem Mixer mit Chili und Ingwer fein pürieren.
Öl in einem Topf erhitzen und die Erbsen und Paprika-Streifen darin anbraten. Pfeffer darüberstreuen und nach etwa 5 Minuten die Tomaten-Kräuter-Mischung dazugießen. Aufkochen, dann den Herd zurückschalten und etwa 20 bis 30 Minuten nur köcheln lassen.

Abb. 7: Frisches Gemüse in Curryrahm.

Den Frischkäse unterrühren und vorsichtig salzen, noch 5–10 Minuten weiterziehen lassen, damit der Frischkäse sich richtig auflösen kann.
Mit ein paar Korianderblättchen verziert zu Vollkornreis servieren.
Tip: Hierzu passen Bratkartoffeln.

Brotaufstriche

Scharfe Bohnenpaste

150 g	rote Bohnen
350 ml	Wasser
50 g	Zwiebeln
1	Knoblauchzehe
300 g	Tomaten
2	getrocknete Pfefferschoten
1 EL	Maiskeimöl
2 EL	Rotweinessig
50 g	saure Sahne
10 g	gehackte Petersilie

Die Bohnen 8 Stunden in Wasser einlegen. Dann einmal aufkochen lassen und entweder im Drucktopf (Ring 2) 20 Minuten oder im konventionellen Topf $1\frac{1}{2}$ Stunden garen.
Inzwischen die Zwiebeln und den Knoblauch schälen und fein hacken. Die Tomaten überbrühen, häuten und würfeln. Die Pfefferschoten von den scharfen Kernen befreien.
Das Öl in einer Pfanne erhitzen. Zwiebeln und Knoblauch glasig braten. Die Tomaten, die abgetropften Bohnen und die Pfefferschoten dazugeben. Alles bei starker Hitze unter häufigem Rühren schmoren, bis die Flüssigkeit, die sich gebildet hat, wieder verdampft ist. Die Mischung mit dem Pürierstab pürieren, mit Essig, Salz, saurer Sahne und Petersilie abschmecken.

Linsenpaste

75 g	Linsen
300 ml	Wasser
1 Stück	unbehandelte Zitronenschale
1	kleines Lorbeerblatt
1	kleines Stück Zimtstange
1	Nelke
3	Pimentkörner
1 EL	frisch gehacktes Basilikum
1 EL	Olivenöl
15 g	Zwiebeln
1	Knoblauchzehe
	Salz
	Zitronensaft
7 g	Petersilie

Linsen waschen, mit Zitronenschale, Lorbeerblatt, Nelke, Pimentkorn und Zimtstange zum Kochen bringen, zugedeckt 45 Minuten garen. Basilikum mit der Hälfte des Öls beträufeln und zugedeckt ziehen lassen.
Zwiebeln schälen und in kleine Würfel schneiden. Knoblauch schälen. Die Zwiebelwürfel im restlichen Öl weich braten, aber nicht braun werden lassen. Wenn die Linsen weich sind, Gewürze entfernen und restliches Wasser abschütten. Linsen fein pürieren und auskühlen lassen. Die Knoblauchzehen über die Linsen auspressen, Zwiebelwürfel, Salz, Zitronensaft, Petersilie und Basilikum mit dem Öl unterrühren. Eventuell mit Honig abrunden.

Richtige Ernährung für einen guten Schlaf

„Dickdarm an Großhirn, Dickdarm an Großhirn: ‚Geh schlafen, ich muß jetzt aufräumen.'“ So faßte das Nachrichtenmagazin „Der Spiegel“ die neuesten Erkenntnisse aus der Schlafforschung treffend zusammen. Tatsächlich scheint mittlerweile die Frage, warum der Mensch nach einem guten Essen zum Schlafen neigt, beantwortet. Mit dem Essen gelangen Schimmelpilze, körperfremde Eiweiße und viele andere ungebetene Stoffe in unseren Körper. Nun muß das Immunsystem Schwerstarbeit leisten: Freßzellen machen sich im Darm daran, diese Stoffe zu entsorgen, und je stärker das Immunsystem in Fahrt kommt, desto müder werden wir, denn offensichtlich stoßen die Freßzellen gleichzeitig Stoffe aus, die auf unser Hirn wie eine Schlafdroge wirken.
Aber eine Mahlzeit kann uns ebenso um den verdienten Schlaf bringen, vor allem dann, wenn wir zuviel des Guten zu uns genommen haben. Mit überfülltem Magen schläft es sich nun einmal nicht gut. Drei Viertel aller Menschen, die unter schwerer Schlaflosigkeit leiden, haben sogar Atemstörungen, sogenannte Schlaf-Apnoen. Vielfach werden diese durch kleine oder auch größere Speckfalten ausgelöst.
Insgesamt klagen etwa 25% aller Bundesbürger über Schlafstörungen. Gleichzeitig leben rund 50% der erwachsenen Bevölkerung hin und wieder auf Diät. Da lag nach Aussage der Wissenschaftler der Verdacht nahe, daß Schlafstörungen auch durch das Ernährungsverhalten erklärt werden könnten.

Botenstoffe im Gehirn

Internisten, Psychologen, Psychiater und Ernährungswissenschaftler erforschen seit einiger Zeit intensiv, wie sich die Ernährung auf Körper und Psyche auswirkt. Die Fragen lauten: Wie beeinflußt ein Steak, eine Portion Kartoffeln oder ein Riegel Schokolade unseren Gemütszustand? Stimmt es, daß viele Menschen nach dem Genuß einer heißen Milch mit Honig besser einschlafen können und wenn ja, warum ist das so? Stimmt es, daß Bananen und Nudeln glücklich machen und wenn ja, wie kann man das erklären?
Gesichert ist die Erkenntnis, daß der Mensch mit der Nahrung täglich Stoffe aufnimmt, die unser Körper für die Synthese von Botenstoffen im Hirn benötigt. Zu diesen Botenstoffen, auch Neurotransmitter genannt, zählen vor allem das Serotonin, das Dopamin und das Acetylcholin.
Acetylcholin, unter anderem verantwortlich für die Erregungsübertragung von der Nervenzelle auf die Muskelzelle, ist in der Nahrung in seiner Vorstufe als Cholin enthalten. Cholin befindet sich vor allem im Lecithin, das wiederum reichhaltig in Eidottern, Leber und Sojabohnen vorhanden ist.
Dopamin wirkt ebenso wie die Neurotransmitter Acetylcholin, Serotonin, aber auch wie das Adrenalin und das Noradrenalin auf die Hunger- und Sättigungszentren in unserem Hirn. Dopamin nehmen wir indirekt über die Aminosäure Tyrosin auf.

Der Neurotransmitter Serotonin

Serotonin schließlich sorgt in unserem Körper für Ausgeglichenheit und Ruhe, ist mitverantwortlich für ein entspanntes Einschlafen und scheint insbesondere den Appetit auf Süßes mitzusteuern. Wissenschaftler untersuchen deshalb auch den Zusammenhang zwischen Serotonin und Adipositas, der Fettleibigkeit.
Mit der Nahrung nehmen wir Serotonin über seine Vorstufe als Tryptophan auf. So wie das Tyrosin ist auch das Tryptophan eine Aminosäure und befindet

sich deshalb vor allem in eiweißreichen Speisen, insbesondere in Rindfleisch, Schweinefleisch, Brathähnchen, Eiern, aber auch in Heilbutt, Kabeljau, Makrele sowie in Camembert, Brie, in Erdnüssen, Haselnüssen, Mandeln, Walnüssen und schließlich auch in Haferflocken, Buchweizenmehl und Weizenmehl. Zwar ist das Serotonin selbst auch in vielen Lebensmitteln enthalten, z.B. in Banane, Ananas, Kiwi, Pflaumen, Tomaten, Avocados, Datteln usw. Doch dieses Serotonin nutzt uns nicht viel, weil es seinen Arbeitsplatz, das Gehirn, nicht erreichen kann. Nur das Tryptophan kann die „Blut-Hirn-Schranke“ (vgl. *Seite 88*) durchbrechen und somit bis in unser Gehirn vordringen.

Einschlafdroge Serotonin?

Da Fleisch eine hohe Konzentration von Tryptophan aufweist, könnte die nach einer fleischreichen Mahlzeit auftauchende Müdigkeit auf eine hohe Serotoninausschüttung zurückzuführen sein. Für diese Theorie spricht auch, daß Ratten, die auf eine tryptophanfreie Diät gesetzt wurden, eine verkürzte Schlafdauer aufwiesen.

Heute weiß man, daß der Schlaf nicht gleichmäßig verläuft, sondern vielmehr in rhythmischen Phasen, die jeweils etwa 90 Minuten andauern. Nach dem Einschlafen gleiten wir nur langsam ins Reich der Träume. Erst wird gedöst, dann folgt der leichte Schlaf, gefolgt von dem mitteltiefen Schlaf, bis man schließlich in den Tiefschlaf fällt. Hier verweilt man jedoch nur für kurze Zeit und kehrt dann langsam wieder an die Oberfläche zurück: die Traumphase beginnt. Forscher erkennen sie an den schnellen Augenbewegungen. Dieses Schlafstadium wird auch REM-Phase genannt; das R steht für „rapid“ (schnell), das E für „eye“ (Augen) und das M für „movement“ (Bewegung). Nach durchlebter Traumphase kehrt man langsam wieder zurück in den Tiefschlaf und somit in die Non-REM-Phase. Dieser Zyklus wiederholt sich durchschnittlich 4- bis 5mal pro Nacht. Interessanterweise enthalten gerade die Teile des Gehirns, die für die Schlafsteuerung wichtig sind, mehr Serotonin als andere Bereiche. Deshalb liegt es nahe, nach dem Zusammenhang zwischen Schlaf und Serotonin zu suchen. Studien, die dieser Frage auf den Grund gehen sollten, kamen bisher jedoch zu sehr unterschiedlichen, zum Teil widersprüchlichen Ergebnissen. Die einschläfernde Wirkung von Tryptophan bzw. Serotonin konnte bisher nicht eindeutig bewiesen werden.

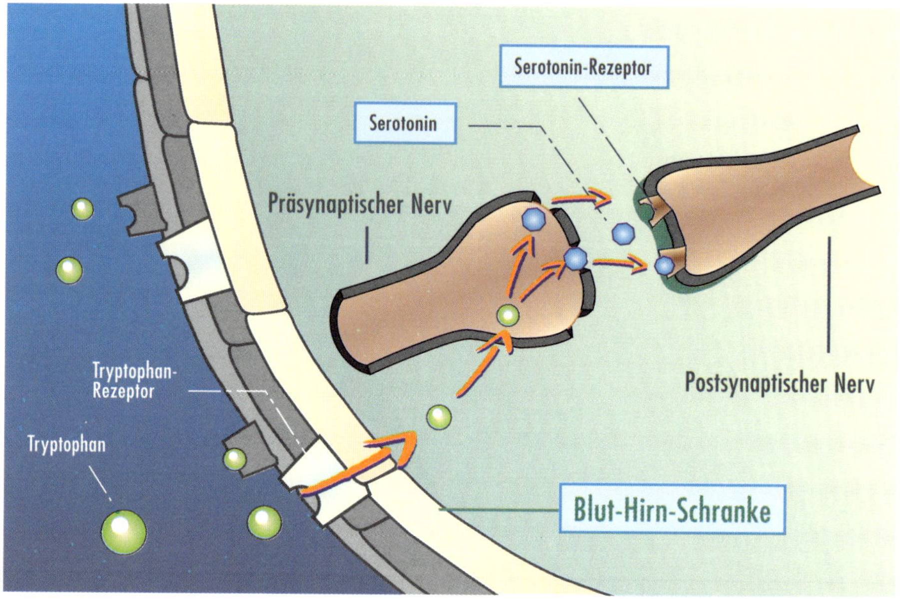

Abb. 2: Kohlenhydratreiche Kost hilft Tryptophan, die Blut-Hirn-Schranke zu überwinden.

Mangel an Serotonin – Heißhunger auf Süßes!

Eindeutiger scheinen die Zusammenhänge zwischen Eßverhalten und Serotoninstoffwechsel zu sein. Die Wissenschaftler H. Lehnert, J. Beyer, H.K. Biesalski und D.H. Hellhammer haben nachgewiesen, daß eine erhöhte Synthese und Freisetzung von Serotonin eine deutlich appetithemmende Wirkung hat. Bei Menschen, die unter Fettleibigkeit leiden, scheint eine regelrechte Serotoninsucht vorzuliegen. Wissenschaftler vermuten, daß der Serotoninstoffwechsel bei diesen Patienten gestört ist, so daß die automati-

sche Appetitregulation nicht mehr richtig funktioniert, das Sättigungsgefühl also nicht mehr ausreichend ist.
Auch Menschen, die unter „seasonal affective disorders“ (SAD) leiden, scheinen unter Störungen im Serotoninstoffwechsel zu leiden. SAD zeichnet sich durch starke Stimmungstiefs und Depressionen sowie durch unbändigen Heißhunger auf Süßes aus. Die Schwankungen im seelischen Wohlbefinden wiederum befallen die betroffenden Menschen vornehmlich in den Wintermonaten. Darüber hinaus konnte festgestellt werden, daß bei Menschen, die unter Depressionen leiden, die Serotoninaufnahme in die Blutplättchen im Winter niedriger ist. Bei gesunden Menschen ließ sich dieses Phänomen nicht feststellen. Man vermutet deshalb heute, daß die für SAD-Patienten typischen Stimmungsschwankungen auf Störungen im Serotonin- , aber auch im Melatoninstoffwechsel beruhen.
Melatonin ist wie auch das Serotonin ein Neurotransmitter und mitverantwortlich für depressive Stimmungen beim Menschen. Melatonin wird dann in besonders großer Menge produziert, wenn natürliches Licht Mangelware ist, also besonders in den dunklen Wintermonaten. Eine bewährte Therapie gegen SAD besteht folglich in künstlicher Lichtzufuhr. Eine zweistündige Bestrahlung mit Licht einer Stärke von 2500 Lux kann den Melatoninpegel in unserem Körper wirksam senken. Im Vergleich dazu liegt die Beleuchtungsstärke in normal beleuchteten Räumen bei ca. 250 bis 500 Lux. Interessant ist in diesem Zusammenhang, daß, nach Aussage der Gießener Ernährungswissenschaftlerin Dr. Anneliese Frank, Menschen, die unter SAD leiden, „quasi eine Selbstmedikation über die Nahrungsauswahl und dessen Nährstoffmuster“ durchführen, indem sie vor allem vermehrt kohlenhydratreiche Nahrung verzehren. Dieses wiederum führt, wie später noch erläutert wird, zur erhöhten Syntheserate von Serotonin. Darüber hinaus essen solche Menschen in den Wintermonaten insgesamt mehr als in den hellen Sommermonaten.
Frank forscht bereits seit einigen Jahren intensiv zum Themenkomplex „Serotonin“ und konnte nachweisen, daß Schwankungen in der Bereitstellung von Serotonin generell zu Stimmungsänderungen führen können. Menschen, die proteinreiche Reduktionsdiäten durchführen, verschlingen anschließend, nach Serotonin süchtelnd, große Mengen Kohlenhydrate in Form von Nudeln oder Schokolade. Diese Kohlenhydrate können nach Aussage von Wissenschaftlern wie ein Antidepressivum wirken.
Frauen, die sich während ihrer Diät von gemischter Kost, die relativ proteinreich ist, ernährten, entwickelten eine schlechte Stimmungslage. Bei Frauen hingegen, die sich während der Diät streng vegetarisch ernährten, blieb die Stimmungslage konstant. Darüber hinaus erscheint in diesem Zusammenhang interessant, daß strenge Vegetarier, die sogenannten Veganer, trotz gleich hoher Proteinzufuhr generell eine um etwa 50–90 % erhöhte Tryptophanaufnahme aufweisen als Gemischtköstler.

Beruhigungsdroge Serotonin

Nicht nur die allgemeine Stimmungslage, sondern auch die Neigung zu aggressivem Verhalten scheint durch die Ernährung beeinflußbar zu sein. In Ihrer Doktorarbeit zu dem Thema „Einfluß unterschiedlicher Nährstoffzufuhr auf die Regulation der Nahrungsaufnahme unter besonderer Berücksichtigung der Neurotransmittervorstufe Tryptophan“ weist Frank darauf hin, daß eine niedrige Serotoninkonzentration allgemein mit einer erhöhten Neigung zu aggressivem Verhalten einhergeht. Dieser Zusammenhang wurde unter anderem mit einem Versuch an Ratten nachgewiesen. Nachdem die Tiere tryptophanfrei ernährt wurden, sank der Serotoninspiegel im Hirn und ihr Verhalten wurde zunehmend aggressiv. Andere Studien widmen sich einem besonders heiklen Thema. So will man festgestellt haben, daß gewalttätige Straffällige niedrige Konzentrationen von 5-Hydroxyindolessigsäure, einem Abbauprodukt von Serotonin, in ihrem Gehirn aufweisen. Daran anknüpfend haben Wissenschaftler vergleichende Statistiken zwischen Ländern mit einem überdurchschnittlich hohen Maisanteil in der Ernährung und einer erhöhten Kriminalitätsrate, insbesondere an Mord und Totschlag, erstellt. Hintergrund für diese Studien ist die Erkenntnis, daß Mais besonders tryptophanarm ist. Doch es handelt sich hier bisher um rein statistische Zusammenhänge, die auch zufällig aufgetreten sein könnten.

Serotonin und Schmerz

Die vielfältigen Auswirkungen des Serotonins erstrecken sich offensichtlich auch auf das Schmerzempfinden. So konnte festgestellt werden, daß eine maisreiche und demnach tryptophanarme Kost bei Versuchstieren zu einer Sensibilisierung gegenüber Schmerzreizen führte. Mit anderen Worten:

Wenn unserem Hirn über eine kohlenhydratreiche Kost genügend Tryptophan und damit Serotonin zur Verfügung gestellt wird, dann wird sowohl die Schmerzwahrnehmungsschwelle wie auch die Schmerztoleranzschwelle erhöht, wir spüren den Schmerz also später und nicht so heftig. Der menschliche Körper macht sich diese Wirkungsweise in Streßsituationen zunutze, indem vermehrt Tryptophan ins Hirn geschleust wird, um dort Serotonin zu bilden.

Vom Teller ins Gehirn

Es mag widersprüchlich erscheinen, zunächst darauf hinzuweisen, daß sich Tryptophan vor allem in eiweißreichen Nahrungsmitteln befindet, um im Anschluß die Vorteile einer kohlenhydratreichen Kost zu beschreiben. Der Grund hierfür ist denkbar einfach und erklärt auch, warum Nudeln und Bananen als Kohlenhydratlieferanten so glücklich machen sollen:
Nehmen wir eiweißreiche Lebensmittel wie z. B. Steaks, Kotelettes oder Wurst zu uns, so überschwemmen die im Eiweiß enthaltenen Aminosäuren unser Blut und drängen ins Hirn. Vor dem Eintritt ins Hirn steht aber ein großes „Stopschild“, die bereits erwähnte Blut-Hirn-Schranke. Vorfahrt bekommen zunächst Aminosäuren wie Phenylanalanin, Tyrosin oder Leucin, aber auch Tryptophan. Nach einiger Zeit ist die Aufnahmekapazität erschöpft und die Schranke schließt sich. Ein Großteil der Tryptophan-Moleküle kann sich gegenüber den vielen Aminosäuren nicht behaupten und bleibt außen vor.

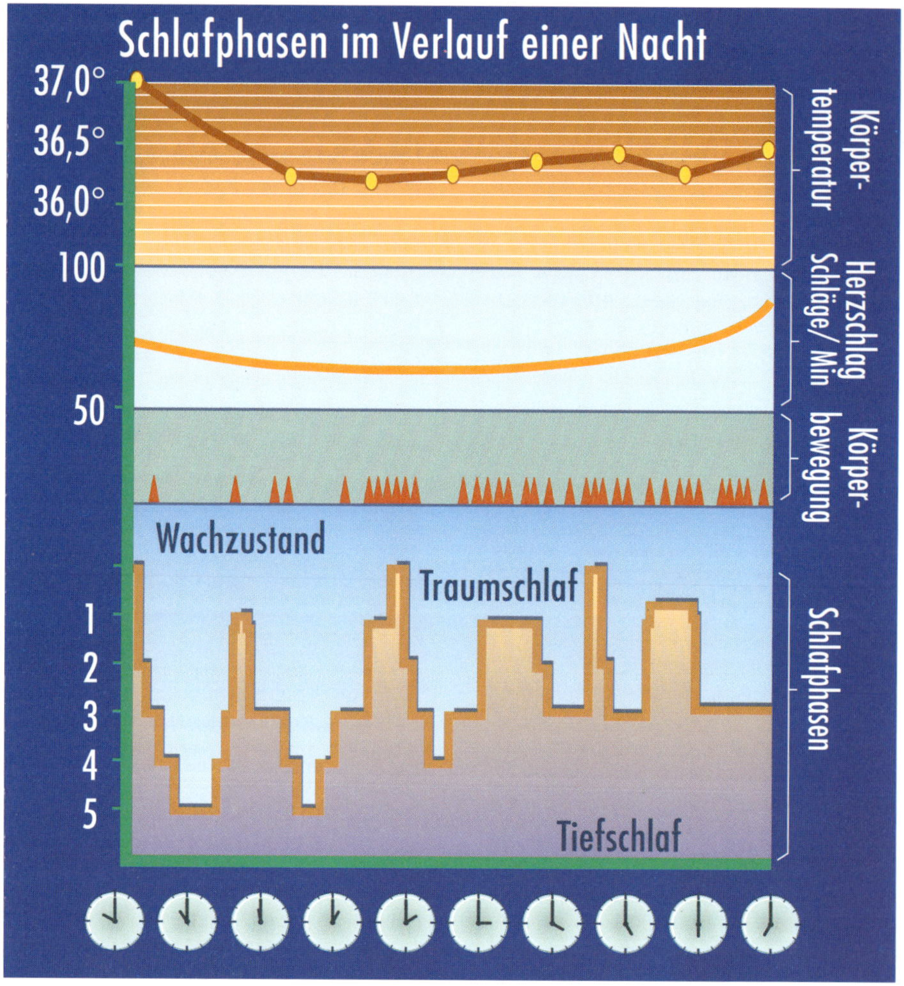

Abb. 1: Quelle: DER SPIEGEL 34, 1993.

Ganz anders sieht die Situation aus, wenn auch Kohlenhydrate auf dem Speiseplan stehen. Diese bewirken einen Anstieg der Insulinsekretion in unserer Bauchspeicheldrüse. Insulin wiederum fördert die Aufnahme vieler Aminosäuren in die Muskulatur. Das Tryptophan entgeht hierbei diesem Zwangstransport und kann sich nun, befreit von den vielen Konkurrenten, auf den Weg ins Hirn machen.
In unserem Hobbythek-Diätbuch ha-

ben wir im Kapitel „Schlafen wie ein Murmeltier" bereits vor Jahren Tips und Tricks zum Einschlafen mit Hilfe von Serotonin verraten: Als Abendmahlzeit sollte nur sehr wenig eines eiweißhaltigen Nahrungsmittels, zum Beispiel etwas mageres Fleisch, gegessen werden. Danach sollte eine süße Nachspeise folgen. Die Kohlenhydrate der Nachspeise ebnen der Aminosäure Tryptophan den Weg ins Gehirn. Auch das legendäre Betthupferl „Heiße Milch mit Honig" mag auf diese Wirkung zurückzuführen sein.
Eine auf die gezielte Wirkung des Serotonins abgestellte Ernährung ist aber auch darüber hinaus von Vorteil, denn erstens nehmen wir in der Regel zuviel Eiweiß zu uns, weniger wäre gesünder, und zweitens essen wir zuwenig komplexe Kohlenhydrate, wie sie zum Beispiel in Nudeln oder Bananen, aber auch in Kartoffeln, Vollkornbrot oder Haferflocken enthalten sind.
Deshalb raten wir auch zur kohlenhydratreichen Banane nicht nur als schlafspendende Quelle für Tryptophan:
Pürieren Sie eine Banane mit einem halben Teelöffel Honig und rühren Sie diese Mischung in ein Glas Milch ein. Putzen Sie sich jedoch wegen der Kariesgefahr nach dem Trinken bzw. vor dem Schlafengehen die Zähne. Und dann: Gute Nacht!

Kaffee als Betthupferl?

Die Reaktionen auf eine spät am Abend genossene Tasse Kaffee sind äußerst unterschiedlich: Während der eine nach einem schwarzen Betthupferl eine schlaflose Nacht durchlebt, wiegt sich der andere schnell in himmlischen Träumen. Es gilt folgende Faustregel: Wer selten Kaffee trinkt, reagiert wesentlich intensiver als ein „Gewohnheitstrinker". Der „Gelegenheitstrinker" sollte die Tasse Kaffee am Abend also tunlichst meiden, wenn er eine erholsame Nacht verbringen möchte. Gewohnheitskaffeetrinker reagieren weniger, häufig sogar kaum auf eine späte Dosis Koffein. Dies ist allerdings nur eine Seite der Medaille. Denn wissenschaftliche Studien zeigen, daß die Schlafdauer, egal ob mit oder ohne spätabendlichen Kaffee, zwar gleich lang bleibt, der Tiefschlafanteil hingegen beim Kaffee-Abstinenzler höher ist. Dieser wiederum ist Voraussetzung für einen wahrhaft erholsamen Schlaf. Fazit: Ob Gewohnheitskaffeetrinker oder nicht, Kaffee sollte nur in Ausnahmefällen als Betthupferl genossen werden.
Nur eine Gruppe von Menschen profitiert von einer spätabendlichen Dosis Koffein: Ältere Menschen, die unter Herzschwäche und infolgedessen unter Störungen der Hirndurchblutung leiden, und häufig auch Hypotoniker, also Menschen mit sehr niedrigem Blutdruck, können anschließend besser einschlafen.

Kräuter zum Einschlafen

Besonders beruhigend wirken Baldrian, Melisse, Lavendelblüten und Hopfen. Darüber hinaus gibt es aber noch weitere Kräuter, die beruhigend und einschlaffördernd wirken:

Basilikum
(Ocimum basilicum)
Erntegut: Blühendes Kraut
Verwendung: zu Kräutersaucen, Salaten, Kräuterbutter, Fleisch.
Nicht mitkochen.
Symptome: Bei Nervosität und Schlaflosigkeit.

Beifuß
(Artemisia vulgaris)
Erntegut: Blütenrispen, kurz vor der Blüte
Verwendung: zu fettem Braten, Gänse- und Hammelfleisch, Gemüse- und Pilzgerichten.
Mitkochen.
Symptome: Verdauungsstörungen, Schlafstörungen und Nervosität.

Dill
(Anethum graveolens)
Erntegut: Kraut und frische Früchte.
Verwendung: zu Mayonnaisen, Salaten, Essig, Früchten, Tomaten, Fischgerichten, Quark, Rohkost, Dillsuppe, Samen für Tee.
Nicht mitkochen.
Symptome: Bei Nervosität und Schlafstörungen.

Waldmeister
(Galium odoratum)
Erntegut: Kraut.
Verwendung: Fruchtsäfte, Tee.
Symptome: Nervosität und Schlafstörungen.
Vorsicht bei Selbstmedikation!

Weißdorn
(Crataegus monogyna)
Erntegut: Knospige Blütenstände, Früchte, auch Rinde
Verwendung: Tee.
Symptome: Nervosität und Schlaflosigkeit.

Zitronenmelisse
(Melissa officinalis).
Erntegut: Frische Triebe, Kraut.

Verwendung: Frische Triebe zu Salat, Quark, Fisch, Leber, Geflügel, Wild. Nicht mitkochen.
Symptome: Schlaflosigkeit.
(Nach: Heil- und Gewürzpflanzen aus dem eigenen Garten, AID, 1990).

Baldrianwurzel
(Valeriana radix)
Verwendet werden die Baldrianwurzeln.
Anwendungsgebiete: Vgl. Standardzulassung.
Gegenanzeigen, Nebenwirkungen und Wechselwirkungen: Keine bekannt.
Art der Anwendung:
Innerlich: Als Tee, Pflanzenpreßsaft, Tinktur und als Extrakt.
Äußerlich: Als Badezusatz.
Wirkung: Beruhigend, die Schlafbereitschaft fördernd.

Abb. 3: Ein Tee aus Baldrianwurzeln bringt Sie leicht in den Schlaf.

Die Standardzulassung gibt folgende Anwendungsgebiete an: Nervöse Erregungszustände, Einschlafstörungen, nervös bedingte krampfartige Schmerzen im Magen- und Darmbereich.
Dosierung: Ein TL Baldrianwurzel (3–5 g) wird mit heißem Wasser (ca. 150 ml) übergossen und nach 10–15 Minuten durch ein Teesieb gegeben. Soweit nicht anders verordnet, 2–3mal täglich, besonders vor dem Schlafengehen, eine Tasse frisch zubereiteten Tee trinken.
Ergänzender Vorschlag: 3–5 g Baldrianwurzel oder 0,7–1,2 g (= ½–1 Meßl.) Baldrianextrakt HT 4:1 oder 4–8 g Instant-Tee. Diese Menge jeweils mit einer Tasse heißem Wasser übergießen. Vorsicht bei Teilnahme am Straßenverkehr: Die Aufmerksamkeit kann durch Baldrian herabgesetzt werden.

Hopfenblüten
(Lupuli strobulus)
Als Droge gelten die Hopfenpflanzen, bestehend aus den getrockneten Blüten des Hopfens. Sie enthält mindestens 0,35 % ätherisches Öl.
Anwendungsgebiete: Störungen des allgemeinen Befindens, zum Beispiel Unruhe und Angstzustände, sowie Schlafstörungen.
Gegenanzeigen, Nebenwirkungen und Wechselwirkungen: Keine bekannt.
Art der Anwendung: Geschnittene Drogen, Drogenpulver oder Extrakt für Aufgüsse oder Abkochungen oder andere Zubereitungen. Flüssige und feste Darreichungsformen zur innerlichen Anwendung oder als Badezusätze.
Hinweis: Kombination mit anderen beruhigend wirkenden Drogen kann sinnvoll sein.
Die Standardzulassung gibt als Dosierungsanleitung und Art der Anwendung an: 1–2 TL Hopfenzapfen werden mit 1 Tasse heißem Wasser (150 ml) übergossen und nach 10–15 Minuten durch ein Teesieb gegeben. Soweit nicht anders verordnet 2–3mal täglich vor dem Schlafengehen eine Tasse frischzubereiteten Teeaufguß trinken.
Ergänzender Vorschlag: Nehmen Sie 0,1–0,3 g (⅓ Meßl.) Hopfenblütenextrakt HT 5:1 oder 2–4 g Instant Tee HT 1:2,5. Beide übergießen Sie mit 1 Tasse heißem Wasser.

Johanniskraut
(Hyperici herba)
Die Droge besteht aus den während der Blütezeit gesammelten Pflanzen oder ihren getrockneten oberirdischen Teilen.

Abb. 4: Hopfenblüten eignen sich unter anderem als beruhigender Badezusatz.

Anwendungsgebiete: Unterstützung der Behandlung nervöser Unruhe und Schlafstörungen. Auf die Anwendung sollten Sie jedoch unbedingt verzichten, wenn Sie lichtempfindlich sind. Lichtempfindlichkeit zeigt sich in Form von sonnenbrandähnlichen Entzündungen der Haut bei stärkerer Sonnenbestrahlung.
Innerlich: Psycho-vegetative Störungen, depressive Verstimmungszustände, Angst und/oder nervöse Unruhe.
Äußerlich: Johanniskrautöl zur (Nach-) Behandlung von Schnitt- und stumpfen Verletzungen, Muskelschmerzen und leichten Verbrennungen.
Gegenanzeigen, Nebenwirkungen und Wechselwirkungen: Wirkt lichtsensibilisierend.
Art der Anwendung: Es werden verschiedene Anwendungsformen genannt. Zum Beispiel die geschnittene Droge, Drogenpulver, flüssige und feste Zubereitungen zur innerlichen und äußerlichen Anwendung. In fetten Ölen hergestellte Präparation zur äußerlichen und inneren Anwendung (dieses Öl gibt es fertig zu kaufen).
Dosierung: Die mittlere Tagesdosis für die innerliche Anwendung besteht aus 2–4 g Droge oder 0,2–1 mg Hypericin (= Hauptwirkstoff der Droge, den es auch in verschiedenen Medikamenten gibt. Wenden Sie sich diesbezüglich an Ihren Hausarzt).
Wirkung: Für die Droge und daraus hergestellte Zubereitungen liegen zahlreiche ärztliche Erfahrungsberichte vor, die für eine milde, antidepressive Wirkung sprechen. Ölige Johanniskrautzubereitungen wirken entzündungshemmend.
Die Standardzulassung gibt als Dosierungsanleitung und Art der Anwendung an: 1–2 TL Johanniskraut mit einer Tasse siedendem Wasser (150 ml) überbrühen und nach etwa 10 Minuten durch ein Teesieb geben. Soweit nicht anders verordnet, werden regelmäßig morgens und abends 1–2 Tassen frisch zubereiteter Tee getrunken. Wichtig ist auch die Dauer der Anwendung. Zum Erzielen einer antidepressiven Wirkung ist laut Standardzulassung eine Anwendung über mehrere Wochen oder Monate erforderlich.

Lavendelblüten
(Lavendulae flos)
Das Arzneimittel besteht aus den Blüten des Lavendelstrauchs. Die Droge enthält mindestens 1,5 % ätherisches Öl.
Anwendungsgebiete: Innerlich bei Störungen wie Unruhezuständen, Einschlafstörungen, funktionellen Oberbauchbeschwerden (nervöser Reizmagen, Roehmheldsyndrom), Magenüberfüllung oder Blähungen und damit zusammenhängenden Herzbeschwerden durch Druck auf das Herz, Meteorismus (Gasansammlung im Verdauungstrakt), nervösen Darmbeschwerden. Weitere Anwendungsgebiete in der Balneotherapie (Anwendungen von Bädern und Trink-Kuren) und zur Behandlung von funktionellen Kreislaufstörungen.
Gegenanzeigen, Nebenwirkungen und Wechselwirkungen: Sind keine bekannt.
Art der Anwendung: Als Droge zur Zubereitung eines Teeaufgusses und als Extrakt sowie als Badezusatz. Soweit nicht anders verordnet, innerlich als Tee 1–2 Teelöffel Droge pro Tasse heiß aufgießen. Mehrmals täglich trinken, besonders vor dem Schlafengehen. Lavendelöl: 1–4 Tropfen (ca. 20–80 mg) z.B. auf ein Stück Würfelzucker.
Ergänzender Vorschlag: Es existiert ein Lavendelblütenextrakt HT 6,5:1. Hier entspricht 1–2 TL der Droge 0,3–0,6 g (¼–½ Meßl.) Lavendelblüten-Extrakt. Beim Instant-Tee HT 1:2 entsprechen dieser Menge 4–8 g bzw. 1–2 leicht gehäufte TL. Übergießen Sie diese Substanz ebenfalls mit einer Tasse heißem Wasser (siehe Hobbythek-Buch „Gesundheit mit Kräutern und Essenzen").
Lavendelblüten und das Öl sind als Schlafmittel nur relativ schwach wirksam und sollten deshalb in sinnvoller Kombination mit anderen Drogen verwendet werden. Auch geeignet als Geruchs- und Geschmacksverbesserer.

Melissenblätter
(Melissae folium)
Verwendet werden die frischen oder getrockneten Laubblätter von Melissenkraut.
Anwendungsgebiete: Nervös bedingte Einschlafstörungen, nervöse Magen-Darm-Beschwerden und zur Appetitanregung.
Gegenanzeigen, Nebenwirkungen und Wechselwirkungen: Keine bekannt.
Art der Anwendung: Geschnittene Droge, Drogenpulver, Flüssigextrakte oder Trockenextrakte werden für Aufgüsse und andere Zubereitungen angegeben. Kombinationen mit anderen beruhigend oder gegen Blähungen wirksamen Drogen können sinnvoll sein.
Wirkung: Beruhigend, karminativ (beseitigt Gasansammlungen im Verdauungstrakt).

Dosierung: 1–3 TL Melissenblätter werden mit 1 Tasse heißem Wasser (150 ml) übergossen und nach etwa 10 Minuten durch ein Teesieb gegeben. Soweit nicht anders verordnet, mehrmals täglich eine Tasse Tee trinken.
Ergänzender Vorschlag: Es gibt einen Melissenextrakt HT 5,5:1 (1–3 Teelöffel Melissenblätter = 0,2–0,5 g Extrakt), oder Sie verwenden Instant-Tee HT 1:2,5 (dieser Menge entsprechen 2–8 g bzw. ½–2 Teelöffel Instant-Tee). Bei diesen Extrakten handelt es sich – im Gegensatz zum ätherischen Öl – tatsächlich um echte Melisse.

Passionsblumenkraut
(Passiflorae herba)
Bestandteile der Droge sind die frischen oder getrockneten oberirdischen Teile. Die Droge enthält u.a. Flavonoide und geringe Mengen ätherisches Öl.
Anwendungsgebiete: Nervöse Unruhezustände. Zusätzlich werden in der Standardzulassung leichte Einschlafstörungen und nervös bedingte Beschwerden im Magen-Darm-Bereich angegeben.
Gegenanzeigen, Nebenwirkungen und Wechselwirkungen: Keine bekannt.
Art der Anwendung: Zerkleinerte Droge für Aufgüsse sowie andere Zubereitungen zur inneren Anwendung.
Wirkung: In tierexperimentellen Untersuchungen wurde mehrfach eine motilitätshemmende Wirkung (Herabsetzung der willkürlichen und unwillkürlichen Muskeltätigkeit) beschrieben.
Die Standardzulassung gibt als Dosierungsanleitung an: 1 TL (2–3 g) Passionsblumenkraut wird mit 1 Tasse heißem Wasser (150 ml) übergossen und nach 10 Minuten durch ein Teesieb gegeben. Soweit nicht anders verordnet, wird 2–3mal täglich und eine halbe Stunde vor dem Schlafengehen eine Tasse frischbereiteter Teeaufguß getrunken.
Ergänzender Vorschlag: Es gibt einen Passionsblumenkraut-Extrakt HT 4:1 (2–3 g getrocknetes Kraut entsprechen 0,5–0,7 g Extrakt = ½–¾ Meßl.). Diese Menge mit einer Tasse heißem Wasser übergießen und trinken.

Beruhigungstees

Die am stärksten wirksame Droge ist die Baldrianwurzel. Sie ist völlig frei von irgendwelchen Nebenwirkungen. Allerdings schmeckt Baldrian nicht jedermann. Hopfenzapfen eignen sich besonders zum Einschlafen. Melissenblätter und Passionsblumenkraut wirken zwar etwas schwächer, schmecken aber besser. Deshalb empfehlen wir bei manchen Rezepten Melissenblätter als Geschmacksverbesserer. Das gleiche gilt für Lavendelblüten, die nur schwach beruhigend wirken. Entsprechend der Standardzulassung empfehlen wir folgendes Rezept für eine Teemischung:

Abb. 5: Genießen Sie vor dem Schlafengehen eine Tasse unseres Beruhigungstees.

Beruhigungstee

40 g	Baldrianwurzeln
10 g	Pomeranzenschale
20 g	Hopfenzapfen
15 g	Melissenblätter
15 g	Pfefferminzblätter

1 Eßlöffel Teedroge wird mit einer Tasse siedendem Wasser (150 ml) übergossen. Man läßt den Tee 10 bis 15 Minuten ziehen und gibt ihn dann durch ein Teesieb. Soweit nicht anders verordnet, wird 2- bis 3mal täglich und vor dem Schlafengehen eine Tasse frisch zubereiteter Tee getrunken.

Einen vergleichbaren Beruhigungstee können Sie auch unter Verwendung von Instant-Tees oder Extrakten herstellen. Nehmen Sie dann:

- 40 g Baldrian-Instant-Tee oder 5 g (4 gestr. Meßl.) Extrakt
- 10 g Lavendelblüten-Instant-Tee oder 1 g (1 Meßl.) Extrakt
- 25 g Hopfen-Instant-Tee oder 2 g (ca. 1 gehäufter Meßl.) Extrakt
- 20 g Melissen-Instant-Tee oder 1,5 g (1 gestr. Meßl.) Extrakt
- 20 g Pfefferminz-Instant-Tee oder 0,2 g (½ Meßl.) Extrakt

Pro Tasse 1 bis 2 Teelöffel Instant-Teemischung oder ½–1 Meßlöffel Extrakt verwenden.

Beruhigungstee à la Hobbythek

Er weicht von der Standardzulassung etwas ab, hat aber eine sehr gute Wirkung.

40 g	Baldrianwurzel
20 g	Melissenblätter
20 g	Passionsblumenkraut
20 g	Sternanis

Pro Tasse 1 Eßlöffel verwenden. Zubereitung wie oben beschrieben.

Für einen Instant-Tee mit vergleichbarer Wirkung verwenden Sie:

- 40 g Baldrian-Instant-Tee oder 5 g (4 Meßl.) Extrakt
- 25 g Melissen-Instant-Tee oder 2 g (2½ Meßl.) Extrakt
- 2,5 g (2½ Meßl.) Passionsblumenkraut-Extrakt
- 20 g Sternanis-Instant-Tee

Verwenden Sie pro Tasse 1–2 Teelöffel Instant-Tee oder 1 bis 1½ Meßlöffel Extrakt.

Abschließend möchten wir Ihnen noch unsere Schlummerrezepte präsentieren. Sie liefern Eiweiß und Kohlenhydrate, alles, was wir zum sanften Einschlafen brauchen, wenn uns das Serotonin tatsächlich Sand in die Augen streut.

Abb. 6: Sandmännchen-Shake

Sandmännchen-Shake

½	Banane
120 ml	Sojamilch
1 Prise	Zimt

Banane klein schneiden, zusammen mit Sojamilch und Zimt im Universalmixer oder mit Stabmixer pürieren.

Carpaccio mit Honigmelone

(Für 2 Personen)

100 g	Rinderfilet
5	mittelgroße Champignons
1 EL	Zitronensaft
2 EL	Olivenöl
	Pfeffer aus der Mühle
	Salz
30–50 g	Feldsalat
	einige Blättchen Basilikum
2	große Scheiben Honigmelone

Das Rinderfilet ca. eine Stunde in einer Frischhaltebox ins Gefrierfach legen.

Die Champignons putzen und in dünne Scheiben schneiden. Den Feldsalat ebenfalls putzen.

2 Teller zur Hälfte mit jeweils einem Eßlöffel Olivenöl bestreichen, die andere Hälfte mit einer Scheibe Honigmelone belegen. Das Fleisch in hauchdünne Scheiben schneiden, fächerförmig auf dem Olivenöl verteilen und mit dem Feldsalat garnieren.

Die Champignons auf dem Fleisch verteilen, vorsichtig salzen und pfeffern. Zitronensaft über das Fleisch träufeln.

Abb. 7: Carpaccio mit Honigmelone

Abb. 8: Zucchini-Carpaccio mit Schafskäsecreme

Zucchini-Carpaccio mit Schafskäsecreme
(Für 4 Personen)

2	Zucchini
	Saft einer halben Zitrone
	Jodsalz
	schwarzer Pfeffer
1 EL	Olivenöl
60 g	Schafskäse
100 g	Sauerrahm
1 Bund	Schnittlauch
100 g	Weintrauben

Die Zucchini waschen, trocknen und in dünne Scheiben schneiden, anschließend Zitronensaft, Salz, Pfeffer und Olivenöl hinzugeben.
Den Schafskäse mit einer Gabel fein zerdrücken und mit dem Sauerrahm verrühren. Den Schnittlauch fein schneiden und dazugeben.
Die Zucchinischeiben kreisförmig auf vier Teller verteilen, die Käsecreme mit halbierten und entkernten Weintrauben anrichten.

Guten Appetit!

Lebensmittelinhaltsstoffe

Cholesteringehalte der einzelnen Lebensmittel

100 g Lebensmittel	Cholesterin in mg
MILCH	
Kuhmilch (Vorzugsmilch, Rohmilch)	12
Kuhmilch (3,5 % Fett)	12
Kuhmilch (1,5 %–1,8 % Fett)	5
Kuhmilch (Magermilch, entrahmt)	3
Ziegenmilch	11
Muttermilch	25
MILCHPRODUKTE (ohne Käse)	
Kondensmilch (4 % Fett)	13
Kondensmilch (7,5 % Fett)	25
Kondensmilch (10 % Fett)	33
Kondensmilch (8 % Fett, gezuckert)	29
Sahne (10 % Fett)	34
Sahne (30 % Fett)	109
Sahne (Sauerrahm, sauer)	59
Schmand (24 % Fett)	79
Crème fraîche (40 % Fett)	131
Buttermilch	4
Dickmilch	11
Joghurt (3,5 % Fett)	12
Joghurt (1,5 %–1,8 % Fett)	5
Joghurt (mager, 0,3 % Fett)	0,3
Fruchtjoghurt (vollfett)	10
Fruchtjoghurt (fettarm)	5
Fruchtjoghurt (mager)	4
Kefir (3,5 % Fett)	11
KÄSE	
Briekäse (50 % Fett i.Tr.)	100
Camembertkäse (30 % Fett i.Tr.)	38
Camembertkäse (45 % Fett i.Tr.)	62
Camembertkäse (50 % Fett i.Tr.)	71
Chesterkäse (Cheddarkäse, 50 % Fett i.Tr.)	100
Edamer Käse (45 % Fett i.Tr.)	95
Edelpilzkäse (50 % Fett i.Tr.)	88
Emmentaler Käse (45 % Fett i.Tr.)	92
Frischkäse (Doppelrahm, 60 %–85 % Fett i.Tr.)	103
Frischkäse (Rahm, 50 % Fett i.Tr.)	77
Fruchtquark (20 % Fett i.Tr.)	13
Goudakäse (45 % Fett i.Tr.)	114
Harzer (Korbkäse)	7
Limburger Käse (20 % Fett i.Tr.)	31
Limburger Käse (40 % Fett i.Tr.)	90
Münsterkäse (45 % Fett i.Tr.)	96
Münsterkäse (50 % Fett i.Tr.)	96
Parmesankäse	68
Romadurkäse (20 % Fett i.Tr.)	31
Schichtkäse (20 % Fett i.Tr.)	14
Schmelzkäse (45 % Fett i.Tr.)	80
Speisequark (mager)	0,8
Speisequark (20 % Fett i.Tr.)	17
Speisequark (40 % Fett i.Tr.)	37
Tilsiter (30 % Fett i.Tr.)	58
Tilsiter (45 % Fett i.Tr.)	95
EIER und EIPRODUKTE	
Hühnerei	604
Hühnerei (58 g)	314
Hühnerei (48 g)	264
Hühnereigelb (Flüssigeigelb)	314
Hühnereigelb (19 g) von mittelgroßem Ei	314
Hühnereiweiß (Flüssigeiweiß, Eiklar)	0
Hühnereiweiß (33 g) von mittelgroßem Ei	0
FETTE	
TIERISCHE FETTE und ÖLE	
Butter (Süß- u. Sauerrahmbutter)	240
Halbfettbutter	113
Butterschmalz	340
Gänseschmalz	100
Rindertalg	100
Hammeltalg	100
Schweineschmalz	86
Lebertran	500

Tabelle 1

100 g Lebensmittel	Cholesterin in mg
PFLANZLICHE FETTE und ÖLE	
Margarine	
Margarine (Standard-)	115
Margarine (Pflanzen-)	7
Margarine (Diät-)	1
Margarine (Halbfett-)	4
FLEISCH	
FLEISCH und INNEREIEN von SCHLACHTTIEREN	
Hammelfleisch (Muskelfleisch, Filet)	70
Lammfleisch (Muskelfleisch)	70
Kalbfleisch (Muskelfleisch)	90
Kalbsbries (Thymusdrüse)	250
Kalbshaxe	90
Kalbsherz	140
Kalbshirn	2000
Kalbsleber	360
Kalbslunge	370
Kalbsniere	380
Kalbszunge	140
Rindfleisch (Muskelfleisch)	70
Rinderkeule	120
Rinderlende (Roastbeef)	120
Rinderherz	150
Rinderhirn	2000
Rinderleber	320
Rinderlunge	350
Rinderniere	375
Rinderzunge	108
Schweinefleisch (Muskelfleisch)	70
Eisbein, Haxe	70
Schweinekamm	100
Schweinekeule	85
Schweinehirn	2000
Schweineleber	346
Schweineniere	365
Schweinespeck (Bauchspeck, frisch)	62
Schweinespeck (Rückenspeck, frisch)	100
FLEISCHERZEUGNISSE (ohne Würste und Pasteten)	
Corned Beef (deutsch)	70
Frühstücksfleisch	85

100 g Lebensmittel	Cholesterin in mg
Rindfleisch (in Dosen)	70
Schabefleisch (Tatar)	70
Schweinefleisch (in Dosen, Schmalzfleisch)	80
Schweinefleisch (Kasseler)	70
Schweinemett	70
Schweineschinken (gekocht, Kochschinken)	85
Schweineschinken (roh, geräuchert)	110
Schweinespeck (durchwachsen, Frühstücksspeck, Wammerl)	90
WÜRSTE und PASTETEN	
Bierschinken	85
Blutwurst (Rotwurst)	85
Bockwurst	100
Cervelatwurst	85
Dosenwürstchen (Brühwürste)	100
Fleischkäse (Leberkäse)	85
Fleischwurst	85
Frankfurter Würstchen	65
Hackfleisch halb und halb	65
Jagdwurst	85
Kalbsbratwurst	100
Leberpastete (Brühwurstart)	150
Leberwurst	85
Mettwurst (Braunschweiger Mettwurst)	85
Mortadella	85
Münchner Weißwurst	100
Salami (deutsche)	85
Schweinsbratwurst	100
Wiener Würstchen	85
WILD	
Hase	65
Kaninchen	70
Hirschfleisch	110
Pferd	60
Rehfleisch (Keule, Schlegel)	110
Rehfleisch (Rücken)	110
GEFLÜGEL	
Ente	70
Gans	86

100 g Lebensmittel	Cholesterin in mg
Huhn (Brathuhn)	81
Huhn (Suppenhuhn)	75
Huhn (Brust)	60
Huhn (Schlegel, Bein)	74
Truthahn (ausgewachsenes Tier)	74
Truthahn (Jungtier)	75
Truthahn (Brust)	60
Truthahn (Keule, Schlegel)	75
FISCHE	
SEEFISCHE	
Heilbutt (weiß)	50
Flunder	50
Hering	91
Heringsfilet	60
Hering (Ostseehering)	44
Kabeljau (Dorsch)	50
Kabeljaufilet	30
Köhler (Seelachs)	71
Makrele	70
Rotbarsch (Goldbarsch)	38
Schellfisch	62
Scholle	63
Schwertfisch	39
Seelachs	71
Seezunge	60
SÜSSWASSERFISCHE	
Aal	142
Barsch (Fluß-)	72
Forelle (Bach-, Regenbogen-)	56
Hecht	63
Karpfen	67
Lachs (Salm)	35
KRUSTEN- und WEICHTIERE	
Auster	260
Garnele (Nordsee-)	138
Hummer	182
Krebs (Fluß-)	158
Languste	140
Miesmuschel (Blau- o. Pfahlmuschel)	150
Tintenfisch	170

Tabelle 1 Fortsetzung

100 g Lebensmittel	Cholesterin in mg
FISCHERZEUGNISSE	
Aal (geräuchert)	164
Brathering	87
Bückling	90
Hering (in Gelee)	36
Hering (mariniert, Bismarck-)	60
Heringsfilet in Tomatensauce	42
Kaviar (echt, russischer)	300
Krabben in Dosen	100
Lachs, geräuchert	42
Makrele (geräuchert)	83
Matjeshering	60
Sardinen (in Öl)	140
Seelachs (geräuchert)	44
Thunfisch (in Öl)	32
GETREIDE	0
BROT UND BRÖTCHEN	0
TEIGWAREN	
Eierteigwaren (Nudeln, Makkaroni, Spaghetti etc.)	94
Hartweizennudeln (Durum, ohne Ei)	0
FEIN- und DAUERBACKWAREN	
Nußkuchen	122
Sachertorte	162
Blätterteiggebäck	71
Butterkeks	80
Hefegebäck, einfach	26
Mandelmakronen	1
Obstkuchen	46
Rührkuchen	134
Sahnetorte	33
Waffelmischung	131
GEMÜSE	0
FRÜCHTE	0
BEEREN	0
SCHALENFRÜCHTE und NÜSSE	0
OBST- und BEERENSÄFTE	0
OBST- und BEERENMARMELADEN	0
HONIG, ZUCKER, SÜSSWAREN	
Honig	0
Zucker	0
Kakaopulver	0
SPEISEEIS	
Eiscreme	35
Fruchteis	6
Milchspeiseeis	9
MAYONNAISE	
Mayonnaise (80 % Fett)	142
Mayonnaise (50 % Fett)	52
PRODUKTE der HOBBYTHEK	
Apfel-Weizen-Ballast HT	0
Apfelfaser	0
Apfelpekt Plus	0
Apfelsüße HT	0
Bindix HT	0
Borretschöl	0
Hafer-Crispies HT Super	0
Isomalt	0
Konfilight HT	0
Lightsüß HT	0
Multipekt Plus	0
Multipekt Plus Lecithin	0
Reinlecithin-Pulver	0
Selenweizen	0
Sorbit	0
Weizenkleber	0
Xylit	0

(Abgeändert nach: Die Zusammensetzung der Lebensmittel Nährwerttabellen 1989/90 – Souci, Fachmann, Kraut; Die große Nährwert Tabelle – Elmadfa u. a., 1992/93)

Tabelle 1 Fortsetzung

Purin- und Harnsäuregehalte der einzelnen Lebensmittel

100 g Lebensmittel	Purin in mg	Harnsäure in mg
MILCH	0	0
MILCHPRODUKTE	0	0
KÄSE	0	0
EIER und EIPRODUKTE		
Hühnerei (Gesamtei-Inhalt)	0,4	1
Hühnereigelb (Flüssigeigelb)	0,4	1
Hühnereiweiß (Flüssigeiweiß, Eiklar)	0	0
FETTE	0	0
FLEISCH		
FLEISCH und INNEREIEN von SCHLACHTTIEREN		
Hammelkotelett	61	146
Hammellende	81	195
Kalbfleisch (reines Muskelfleisch)	63	150
Kalbsbries (Thymusdrüse)	525	1260
Kalbskotelett	52	125
Kalbsleber	182	460
Kalbsniere	88	210
Lammfleisch (reines Muskelfleisch)	76	18
Pferdefleisch	83	200
Rinderherz	107	256
Rinderleber	231	554
Rinderlunge	166	399
Rinderniere	112	269
Rinderzunge	67	160
Rindfleisch (reines Muskelfleisch)	58	140
Schweinefleisch (reines Muskelfleisch)	63	150
Schweineleber	125	300
Schweineniere	139	334
Schweineschulter, roh	63	150
Schweineschulter, gebraten	83	200
Schweineschulter, Haut, gebraten	116	280
Schweinskotelett	49	118
FLEISCHERZEUGNISSE (ohne Würste und Pasteten)		
Fleischextrakt	1458	3500
Frühstücksspeck (Wammerl)	31	75
Schweineschinken (Kochschinken)	83	198
Schweineschinken (roh, geräuchert)	84	200
WÜRSTE und PASTETEN		
Blutwurst (Rotwurst)	38	90
Bratwurst	54	130
Fleischkäse (Leberkäse)	58	140
Frankfurter Würstchen	54	130
Jagdwurst	54	130
Leberpastete (Brühwurstart)	52	125
Leberwurst	73	175
Mortadella	54	130
Wiener Würstchen	46	110
WILD		
Hase	71	170
Hirschfleisch	67	160
Kaninchenfleisch	60	145
Rehfleisch	63	150
GEFLÜGEL		
Ente	64	153
Fasan	62	150
Gans	69	165
Huhn, Schlegel, roh	67	160
Huhn, Schlegel, gebraten	98	235
Huhn, Haut, gebraten	125	300
Pute	50	120
Truthahn (ausgewachsenes Tier)	71	170
Truthahn (Jungtier)	63	150
FISCHE		
SEEFISCHE		
Heilbutt (weiß)	123	294
Hering	79	190
Hering, grün, ohne Haut	74	178
Heringsfilet	88	210
Heringsrogen	79	190
Kabeljau (Dorsch)	63	150
Kabeljaufilet	50	120
Köhler (Seelachs)	68	163
Makrele	60	145
Makrele, roh, Haut	167	400
Makrele, roh, ohne Haut	75	180
Rotbarsch (Goldbarsch)	100	241
Sardine	144	345
Schellfisch	54	130
Scholle	58	140
Scholle, roh, mit Haut	71	170
Scholle, roh, ohne Haut	54	130
Seelachs	68	163
Seezunge	55	131
Thunfisch	107	257
SÜSSWASSERFISCHE		
Forelle (Bach-, Regenbogen-)	83	200
Forelle, frisch, ohne Haut	62	148
Hecht	58	140
Karpfen	63	150
Lachs (Salm)	71	170
Zander	46	110

Tabelle 2

100 g Lebensmittel	Purin in mg	Harnsäure in mg
KRUSTEN- und WEICHTIERE		
Auster	38	90
Garnele (Nordsee-)	61	147
Hummer	73	175
Krebs (Fluß-)	25	60
Miesmuschel (Blau- o. Pfahlmuschel)	154	370
FISCHERZEUGNISSE		
Aal (geräuchert)	48	115
Anchovis	108	260
Brathering, mit Haut	88	210
Brathering, ohne Haut	67	160
Bückling, mit Haut	100	240
Bückling, ohne Haut	60	145
Kaviar (echt, russischer)	60	144
Lachs (geräuchert)	100	242
Makrele (geräuchert)	76	182
Matjeshering	91	219
Ölsardinen, mit Haut	146	350
Ölsardinen, ohne Haut	88	210
Sardinen (in Öl)	200	480
Sprotte (geräuchert)	223	535
Thunfisch (in Öl)	121	290
GETREIDE		
Buchweizen	62	149
Gerstengraupen	34	82
Grieß	23	55
Grünkern	34	82
Haferflocken	42	100
Hirse	35	85
Reis (poliert)	0	0
Reis (poliert, gekocht, abgetropft)	10	25
Roggen (ganzes Korn)	20	47
Vollkornmehl	35	84
Weizen (ganzes Korn)	17	40
Weizenmehl	8	20

100 g Lebensmittel	Purin in mg	Harnsäure in mg
BROT und KLEINGEBÄCK		
Brötchen	9	21
Knäckebrot	25	60
Mischbrot	19	45
Weizenmehlbrot (Weißbrot)	6	15
Weizenvollkornbrot	25	60
TEIGWAREN		
Eierteigwaren (Nudeln, Makkaroni, Spaghetti etc., gekocht)	22	52
Vollkornnudeln, gekocht	21	50
Vollkornnudeln, roh	65	157
FEIN- und DAUERBACKWAREN		
Zwieback	12	29
NÄHRMITTEL		
Sago	34	82
Stärke	0	0
Tapioka	37	89
GEMÜSE		
WURZEL- und KNOLLENGEMÜSE		
Kartoffel	6	15
Kohlrabi	13	30
Möhre (Karotte, Mohrrübe)	6	15
Radieschen	6	15
Rettich	6	15
Rote Rübe (Rote Bete)	6	15
Sellerie (Knolle)	13	30
BLATT-, STENGEL- und BLÜTENGEMÜSE		
Bambussprossen	7	16
Blumenkohl	19	45
Broccoli	28	66
Chinakohl	10	25

100 g Lebensmittel	Purin in mg	Harnsäure in mg
Endivie (Escariol)	8	20
Feldsalat (Rapunzel)	10	24
Fenchel	6	15
Grünkohl	13	30
Kopfsalat	4	10
Porree (Lauch)	18	42
Rhabarber	27	65
Rosenkohl	25	60
Rotkohl (Blaukraut)	10	25
Sauerampfer	23	56
Sauerkraut (abgetropft)	7	16
Schwarzwurzel	29	70
Spargel	10	25
Spinat	21	50
Wirsingkohl (Savoyerkohl)	17	40
Zwiebel	4	9
GEMÜSEFRÜCHTE		
Bohnen (Brech- o. Schnittbohnen, grün)	21	50
Bohnen (grün, getrocknet)	19	45
Gurke	3	8
Paprika	4	10
Tomate	4	10
HÜLSENFRÜCHTE und ÖLSAMEN		
Bohne (Gartenbohne, Samen, weiß, trocken)	75	180
Erbse (Samen, trocken)	70	168
Erbse (Schote und Samen, grün)	62	150
Linse (Samen, trocken)	77	185
Sojabohne (Samen, trocken)	154	370
PILZE		
Champignon (Zucht-)	25	60
Pfifferling (Rehling)	13	30
Steinpilz	38	78

Tabelle 2 Fortsetzung

100 g Lebensmittel	Purin in mg	Harnsäure in mg
FRÜCHTE		
KERNOBST		
Apfel	1,3	3
Birne	0,8	2
STEINOBST		
Aprikose	X	X
Aprikose (getrocknet)	4	10
Kirsche (sauer)	0	0
Kirsche (süß)	0	0
Pfirsich	0	0
Pflaume	0	0
BEEREN		
Brombeere	0	0
Erdbeere	5	12
Heidelbeere (Blau-, Bick-)	0	0
Himbeere	0	0
Preiselbeere	0	0
Weintraube	0	0
Weintraube (getrocknet, Rosine)	0	0
EXOTISCHE FRÜCHTE		
Ananas	0	0
Ananas (in Dosen)	0	0
Apfelsine	0	0
Avocado	0	0
Banane	0	0
Dattel	6	15
Wassermelone	0	0
Zitrone	0	0
SCHALENFRÜCHTE und SAMEN		
Erdnuß	42	100
Haselnuß	13	30
Mandel (süß)	13	30
Mohn	70	154

100 g Lebensmittel	Purin in mg	Harnsäure in mg
Sesam	37	88
Sonnenblumenkerne	65	157
Walnuß	10	25
SOJAPRODUKTE		
Sojabohnenmehl, teilentfettet	123	296
Sojafleisch, trocken	154	370
Sojaschrot	82	196
Tofu	28	68
BLÜTENPOLLEN, Pulver	110	265
OBST- und BEERENSÄFTE	X	X
OBST- und BEERENMARMELADEN	0	0
HONIG, ZUCKER, SÜSSWAREN		
Honig (Blüten-)	0	0
Invertzuckercreme (Kunsthonig)	0	0
Zucker (Rohr-, Rüben-)	0	0
ALKOHOLHALTIGE GETRÄNKE		
Altbier	2	5
Bockbier, hell	5	13
Diätbier	4	10
Doppelbock	6	14
Export	5	11
Kölsch	2,5	6
Lagerbier (Vollbier, hell)	5	13
Pilsener Lagerbier, Pils	5	13
Weißbier	6	15
Weizenvollbier, hefefrei (Kristallw.)	4	10
Sekt	0	0
Wein	0	0
Spirituosen	0	0

100 g Lebensmittel	Purin in mg	Harnsäure in mg
ERFRISCHUNGSGETRÄNKE		
Alkoholfreies Bier		
Gerstel	4	9
Jever	1	3
Löwenbräu	6	14
Malzbier	2	5
Waitzinger Weiße	13	30
Weizenthaler	7	17
Wirichs light	5	11
KAFFEE und TEE		
Kaffee (geröstet)		0
Kaffeepulverextrakt		0
Tee (schwarzer)		0
Kakao		0
HEFE		
Backhefe (getrocknet)	754	1810
Backhefe (gebrauchsfertig)	312	750
Hefeflocken	673	1620
Bierhefe (getrocknet)	683	1640
PRODUKTE der HOBBYTHEK		
Apfel-Weizen-Ballast HT	X	X
Apfelfaser	0	0
Apfelpekt Plus	0	0
Apfelsüße HT	0	0
Bindix HT	0	0
Borretschöl	0	0
Hafer-Crispies HT Super	X	X
Isomalt	0	0
Konfilight HT	0	0
Lightsüß HT	0	0
Multipekt Plus	0	0
Multipekt Plus Lecithin	0	0
Selenweizen	17	40
Sorbit	0	0
Xylit	0	0

Tabelle 2 Fortsetzung

X bedeutet: in Spuren vorhanden

(Verändert nach: Die Zusammensetzung der Lebensmittel Nährwerttabellen 1989/90 – Souci, Fachmann, Kraut; Die große Nährwert Tabelle – Elmadfa u. a., 1992/93; G. Wolfram: „Das moderne Konzept der Ernährung bei Gicht", Akt. Ernährungsmedizin 17, 1992)

Arachidonsäure und Linolsäure in verschiedenen Lebensmitteln

Lebensmittel (je 100 g verzehrbarer Anteil)	Arachidonsäure in mg	Linolsäure in g
MILCH und MILCHPRODUKTE		
Kuhmilch (3,5 % Fett)	4	0,1
Kuhmilch (1,5 % Fett)	2	0,1
entrahmte Milch	0	0
Molke, süß	0	0
Speisequark (20 % Fett i. Tr.)	5	0,1
Speisequark, mager	0	0
Camembert (60 % Fett i. Tr.)	34	0,6
EIER		
Hühnerei (gesamt)	70	1,4
Eigelb	297	0,2
FETTE und ÖLE		
Schweineschmalz	1700	8,7
Diätmargarine	0	46,3
Weizenkeimöl	0	55,8
Erdnußöl	0	47,5

Lebensmittel (je 100 g verzehrbarer Anteil)	Arachidonsäure in mg	Linolsäure in g
FLEISCH und FLEISCHPRODUKTE		
Huhn	120	3,0
Kalbfleisch (Muskelfleisch)	53	0,2
Kalbsleber	352	3,0
Schweineleber	870	0,5
Leberwurst	230	1,5
FISCHE		
Heilbutt	57	0
Seehecht	29	0
Thunfisch	280	0,3
PFLANZLICHE PRODUKTE		
(z. B.: Obst, Gemüse, Nüsse)	0	X*

(Quelle: Prof. Dr. O. Adam,
Rheumaeinheit der Ludwig-Maximilians-Universität
an der Staatlichen Orthopädischen Klinik, München)

Tabelle 3: *X Linolsäuregehalt je nach Lebensmittel

Register

Bezugsquellen

* ALC COSMETIC, 27804 Berne, Kranichstr. 2, Tel. 04406-6144.
ALTAMIRA, 82319 Starnberg, Söckingerstr. 7, Tel. 08151-28571.
BAUMGARTEN, 82377 Penzberg, Hochfeldstr. 56, Tel. 08856-1429.
BELLA CURIOSA, 24937 Flensburg, Nordergraben 24, Tel. 0461-29826.
* BERGMANN Kosmetik, 38304 Wolfenbüttel/Groß Stöckheim, Juliusweg 1a, Tel. 05331-29385.
* BIOLINE, 70435 Stuttgart, Hohenloherstr. 3, Tel. 0711-876231.
*BIOTHEK, 74348 Lauffen a. N., Brückenstr. 19, Tel. 07133-22544.
BIOTRUHE, 73728 Esslingen, Katharinenstr. 29, Tel. 0711-354604.
BRANDSMÜHLE, 46483 Wesel, Caspar-Baur-Str. 31, Tel./Fax 0281-23357; 47533 Kleve, Hagsche Str. 47, Tel./Fax 02821-21112; 46509 Xanten, Poststr. 24, Tel./Fax 02801-5658.
BRENNESSEL, 80799 München, Türkenstr. 60, Tel. 089-280303; 85345 Freising, Luckengasse 16, Tel. 08161-41999.
CALENDULA, 40217 Düsseldorf, Friedrichstr. 7, Tel. 0211-378655; 46539 Dinslaken, Sterkrader Str. 237, Tel. 02064-92739; 47051 Duisburg, Tonhallenpassage, Tel. 0203-284543; 47441 Moers, Wallzentrum, Tel. 02841-29388.
CARLOTTA NATURA, 73312 Geislingen-Weiler, Hofstett am Steig 5, Tel. 07331-42820.
* Fa. C & M DIE ÖKOTHEK, 73430 Aalen, Spitalstr. 14, Tel./Fax 07361-680176.
CLEOPATRA KOSMETIK, 82362 Weilheim, Kirchplatz 11, Tel. 0881-64961.
* COLETTE, 23552 Lübeck, Kapitelstr. 5, Tel. 0451-7070869.
* COLIMEX-ZENTRALE, 50996 Köln, Ringstr. 46, Tel. 0221-352072, Fax 0221-352071; Auslieferungsläden: 26506 Norden, Osterstr. 160, in Schwanen-Apotheke, Tel. 04931-2197; 32312 Lübbecke, Lange Str. 1, in Stern-Apotheke, Tel. 05741-7707; 33102 Paderborn, Bahnhofstr. 18, in St.-Christophorus-Drogerie, Tel. 05251-10520; 34414 Warburg, Hauptstr. 46, in St.-Erasmus-Apotheke, Tel. 05641-60467; 35576 Wetzlar, Langgasse 68, in Langgass-Apotheke, Tel. 06441-46900; 41812 Erkelenz, P.-Rüttchen-Str., im KONTRA-Center, Tel. 02431-81071; 41849 Wassenberg, Brabanter Str. 50, im KONTRA-Center, Tel. 02432-81011; 42105 Wuppertal, Rathaus-Galerie L119, Karlsplatz 3, Tel. 0202-443988; 45259 Essen, Schangstr. 13, Dromarkt, Tel. 0201-462259; 47798 Krefeld, Ostwall 146, Tel. 02151-615648; 48527 Nordhorn, Schuhmachershagen 15, Tel. 05921-721072; 50321 Brühl, Mühlenstr. 37; 50667 Köln, Brüderstr. 7, Tel. 0221-2580862; 50858 Köln-Weiden, Aachener Str. 1253, Rhein Center Köln-Weiden; 51143 Köln-Porz, Josefstr./Ladenzeile Karstadt, Tel. 02203-55242; 52064 Aachen, Alexianergraben 9/City-Center, Tel. 0241-30327; 52428 Jülich, Am Markt 2, in Parfümerie am Markt, Tel. 02461-2580; 53797 Lohmar, Broich-Weber, Breiterstegmühle 1, Tel. 02246-4245; 57462 Olpe, Bruchstr. 13, Tel. 02761-5190; 63739 Aschaffenburg, Steingasse 37, Tel. 06021-26464; 66901 Schönenberg-Kübelberg, Glanstr. 42, in Linden-Apotheke, Tel. 06373-1360; 67482 Altdorf, Hauptstr. 78 Colimex/Naturkosmetik; 73730 Esslingen, Hirschlandstr. 1, Tel. 0711-314856; 74653 Künzelsau, Keltergasse 13, in Hohenlohe Apotheke; 94032 Passau, Am Schanzl 10, Turm-Apotheke, Tel. 0851-33377.
* COSMEDA, 41460 Neuss, Neumarkt 4, Tel. 02131-277212; 46535 Dinslaken, Altmarkt 17, Tel. 02064-15178; 40668 Meerbusch, Gonellastr. 13, Tel. 02150-6625; 47495 Rheinberg, Römerstr. 16, Tel. 02843-6116; 47198 Duisburg, Augustastr. 31, Tel. 02066-55104.
* COSMETIC-BAUKASTEN, 33615 Bielefeld, Arndtstr. 51, Tel. 0521-131008.
* COSMETIX, 48143 Münster, Salzstr. 46b, Tel. 0251-44662.
CREATIV KOSMETIK, 82008 Unterhaching, Bahnhofsweg 3, Tel. 089-6115916.
* DONAUWÖRTHER KOSMETIKSTUBE, 86609 Donauwörth, Kapellstr. 24, Tel. 0906-23365.
* DUFT & SCHÖNHEIT, 80331 München, Sendlinger Str. 46, Tel. 089-2608259.
GOLD RICHTIG, 65929 Frankfurt-Unterliederbach, Alemannenweg 60.
* HANNI'S BIOSHOP, 86456 Gablingen, Achsheimerstr. 10, Tel. 08230-9897.
HELGAS HOBBY SHOP, 63584 Gründau, Gartenstr. 19, Tel. 06058-2135.
* HEXENKÜCHE, 82152 Krailling, Luitpoldstr. 25, Tel. 089-8593135.
* HOBBY-KOSMETIK, 86153 Augsburg, Lechhauserstr. 3, Tel. 0821-155346; 70806 Kornwestheim, Stauffenbergstr. 26, Tel. 07154-3744; 97456 Dittelbrunn, Erlenstr. 25, Tel. 09721-44190; 84478 Waldkraiburg, Pürtenerstr. 34, Tel. 08638-7073; 84559 Kraiburg am Inn, Hochreit 1, Tel. 08638-7073.

HOBBY-KOSMETIK HAAG, 74821 Mosbach, Entengasse 4, Tel. 06261-14020.
* INATURA, 42551 Velbert, Friedrichstr. 303, Tel. 02051-23355.
JAKOBUS-APOTHEKE, 33397 Rietberg, Lippstädter Str. 17a, Tel. 02944-7554.
* JANSON GmbH, 76133 Karlsruhe, Kaiserpassage 16, Tel. 0721-26410, Fax 0721-27780.
Fa. JOACHIM OTT; 45657 Recklinghausen, Reitzensteinstr. 50, Tel. 02361-16216.
JOJOBA, 35066 Frankenberg, Auf der Nemphe 2, Tel. 06451-4621.
* JOJOBA NATURPRODUKTE, 57076 Siegen-Weidenau, Bismarckstr. 5/Siegerlandzentrum, Tel. 0271-790201.
* KNACK-PUNKT, 73277 Owen/Teck, Hopfenweg 16, Tel. 07021-56568; 27472 Cuxhaven, Präsident-Herwig-Str. 40, Tel. 04721-62820.
* KOSMETIK-BAZARE: Interessengemeinschaft der Kosmetik-Bazare e.V. Dientzenhofer Str. 14, 63924 Kleinheubach, Tel. 09371-68861, Fax 09371-67567; 10115 Berlin, Habersaathstr. 34, Tel. 030-2825928; 24103 Kiel, Eggerstedtstr. 1, Tel. 0431-92923; 24986 Satrup, Glücksburger Str. 11, Tel. 04633-1021; 26721 Emden, Neutorstr. 58, Tel. 04921-24646; 27580 Bremerhaven, Lange Str. 25, Tel. 0471-802316; 27711 Osterholz-Scharmbeck, Loger Str. 4, Tel. 04791-8326; 28203 Bremen, Ostertorsteinweg 25-26, Tel. 0421-701699; 30159 Hannover, Konochenhauer Str. 6, Tel. 0511-326236; 31582 Nienburg, Burgmannshof 2, Tel. 05021-12825; 31785 Hameln, Thiewall 4, Tel. 05151-22576; 32257 Bünde, Bahnhofstr. 31, Tel. 05223-5133; 32756 Detmold, Paulinenstr. 9, Tel. 05231-39614; 33330 Gütersloh, Friedrich-Ebert-Str. 57, Tel. 05241-26700; 33615 Bielefeld, Arndtstr. 51, Tel. 0521-131008; 35037 Marburg, Augustinergasse, Tel. 06421-161363; 35390 Gießen, Frankfurter Str. 1, Tel. 0641-76979; 42289 Wuppertal, Kleestr. 42, Tel. 0202-620898; 45130 Essen, Alfredstr. 43, Tel. 0201-796413; 48143 Münster, Ludgeristr. 68, Tel. 0251-518505; 48431 Rheine, Matthiasstr. 5, Tel. 05971-15421; 50226 Frechen, Joh.-Schmitz-Platz 10, Tel. 02234-13230; 53721 Siegburg, Holzgasse 47, Tel. 02241-590942; 53879 Euskirchen, Hochstr. 62, Tel. 02251-73308; 58285 Gevelsberg, Mittelstr. 101, Tel. 02332-83005; 58511 Lüdenscheid, Ringmauerstr. 5, Tel. 02351-358018; 58636 Iserlohn, Friedrichstr. 3, Tel. 02371-24260; 59555 Lippstadt, Kahlenstr. 2, Tel. 02941-78466; 63924 Kleinheubach, Dientzenhoferstr. 14, Tel. 09371-68861; 65183 Wiesbaden, Wagemannstr. 3, Tel. 0611-379370; 67655 Kaiserslautern, Grüner Graben 3, Tel. 0631-92527; 70806 Kornwestheim, Bahnhofsplatz 14, 07154-16319; 73728 Esslingen, Kupfergasse 13, Tel. 0711-355605; 75172 Pforzheim, Bahnhofstr. 9, Tel. 07231-33254; 97464 Oberwerrn, Bergstr. 7, Tel. 09726-3319.
KOSMETIK KREATIV, 36304 Alsfeld, Schwabenröderstr. 61, Tel. 06631-6225.
KOSMETIK ZUM SELBERMACHEN, 85049 Ingolstadt, Sauerstr. 9, Tel. 0841-33711.
KOSMETIK ZUM SELBERMACHEN, 93133 Burglengenfeld, R.-Schumann-Str. 10, Tel. 09471-6835.
KOSNA VERA, 59174 Kamen, Märkische Str. 28, Tel. 02307-4772; 59423 Unna, Markt 16, Tel. 02303-21337.
* KRÄUTER FISCHER, 33378 Rheda-Wiedenbrück, Markt 3, Tel. 05242-55958.
KREATIV, 55595 Hargesheim, Schulstr. 3, Tel. 0671-32333.
KREUZHERRN APOTHEKE, 87700 Memmingen, Kalchstr. 12, Tel. 08331-4667.
MANUELA'S KOSMETIK-SHOP, 31655 Stadthagen, Klosterstr. 8, Tel. 05721-77708.
McQUEENS'S NATURSHOP, 22880 Wedel, EKZ Rosengarten 6b, Tel. 04103-14950.
NATUR PUR, 06108 Halle, Schülershof 1, Tel. 0345-652061.
NATUR-ECKE, 46509 Xanten, Poststr. 24, Tel. 02801-5658/4847.
NATURPARTNER, 63820 Elsenfeld, Marienstr. 2, Tel. 06022-7834.
NATURTÖPFLA, 95194 Regnitzlosau, Trogenau 25, Tel. 09294-1713.
* NATURWARENLADEN, 97447 Gerolzhofen, Weiße-Turm-Str. 1, Tel. 09382-4115+7989
* OMIKRON, 74382 Neckarwestheim, Marktplatz 5, Tel. 07133-17081; 74072 Heilbronn, Postpassage, Tel. 07131-166443; 73635 Rudersberg-Schlechtbach, Bahnhofsplatz 41, Tel. 07183-8565; 77815 Bühl, Hauptstr. 15, Tel. 07223-901129.
* PIMPINELLA (Walter und Schneider), 14471 Potsdam, Clara-Zetkin-Str. 6, Tel. 0331-970302.
* PLATH PARFUMS, 24161 Kiel, Dreiangel 31, Tel. 0431-92923.
* POTPOURRI Umweltladen, 71032 Böblingen, Marktgässle 8, Tel. 07031-236914; 71263 Weil der Stadt, Katharinenstr. 4, Tel. 07033-33929.
* PURA NATURA, 90402 Nürnberg, Johannesgasse 55, Tel. 0911-209522.
* rein & fein, 82256 Fürstenfeldbruck, Münchner Str. 25, Tel. 08141-4548.
RINGELBLUME NATURKOSMETIK GMBH, 92224 Amberg, Lederergasse 5, Tel. 09621-22110.

* SPINNRAD GMBH/ZENTRALE, 45886 Gelsenkirchen, Am Luftschacht 3a, Tel. 0209-17000-0, Tx. 824726 natur d, Fax. 0209-17000-40; Auslieferungsläden: 04329 Leipzig, Paunsdorf Center, Paunsdorfer Allee 1Tel. 0341-2516906; 07743 Jena, Goethe Galerie/Jenaer Str. ; 09125 Chemnitz, Annaberger Str. 315, Alt-Chemnitz-Center, Tel. 0371-514226; 10247 Berlin, Frankfurter Allee 53, Tel. 030-4276161; 10719 Berlin-Westend, Uhlandstr. 43-44, Tel. 030-8814848; 12163 Berlin-Steglitz, Schloßstr. 1, Tel. 030-8592072; 12619 Berlin-Hellersdorf, Spree-Center, Hellersdorfer Str. 79-81, Tel. 030-5612081; 18055 Rostock, Rostocker Hof/Kröpeliner Str.; 20146 Hamburg, Grindelallee 42, Tel. 040-4106096; 21335 Lüneburg, Grapengießer-Str. 25, Tel. 04131-406427; 21614 Buxtehude, Brücken-Apotheke, Zwischen den Brücken 7, Te. 04161-52233; 22143 Hamburg-Rahlstedt, Rahlstedt-Center, Schweriner Str. 8-12, Tel. 040-6779044; 22765 Hamburg-Ottensen, Mercado-Center/Ottenser Hauptstr. ; 23552 Lübeck, Mühlenstr. 11, Tel. 0451-7063307; 24103 Kiel, Ahlmann-Haus, Holstenstr. 34, Tel. 0431-978728; 24534 Neumünster, Marktpassage EKZ, Großflecken 51-53, Tel. 04321-41633; 24937 Flensburg, Große Str. 3, Tel. 0461-13761; 26122 Oldenburg, Gaststr. 26, Tel. 0441-25493; 27568 Bremerhaven, Bürgermeister-Smidt-Str. 53, Tel. 0471-44203; 27749 Delmenhorst, City-Point, Lange Str. 96, Tel. 04221-129331; 28195 Bremen, Bremer Carré, Obernstr. 67, Tel. 0421-691932; 28203 Bremen, Ostertorsteinweg 90, Tel. 0421-74318; 30159 Hannover, Steintorstr. 9, Tel. 0511-329093; 30823 Garbsen, Nord-West-EKZ, Realkauf, Tel. 05131-95769; 30853 Langenhagen, City Center, Marktplatz 5, Tel. 0511-772056; 31134 Hildesheim, Angoulemeplatz 2, Tel. 05121-57311; 32052 Herford, Lübbestr. 12-20, Tel. 05221-529654; 32423 Minden, Bäckerstr. 72, Tel. 0571-87580; 33098 Paderborn, EKZ Königsplatz 12, Tel. 05251-281759; 33330 Gütersloh, Münsterstr. 6, Tel. 05241-237071; 33602 Bielefeld, Marktpassage/EG, Bahnhofstr., Tel. 0521-66152; 34117 Kassel, Hedwigstr. 9, Tel. 0561-14911; 35390 Gießen, Kaplansgasse 2-4, Tel. 0641-792393; 35576 Wetzlar, Langgasse 39, Tel. 06441-46952; 37073 Göttingen, Gronerstr. 57/58, Tel. 0551-44700; 38100 Braunschweig, Vor der Burg 8, Tel. 0531-42032; 38440 Wolfsburg, Südkopfcenter, Porschestr.102, Tel. 05361-15004; 39326 Hermsdorf bei Magdeburg, Elbe Park EKZ, Tel. 039206-52207; 40212 Düsseldorf, Schadowstr. 80, Tel. 0211-357105; 40721 Hilden, Bismarck-Passage, Mittelstr., Tel. 02103-581937; 41061 Mönchengladbach, Hindenburgstr. 173, Tel. 02161-22728; 41460 Neuss, Oberstr./Zollstr., Tel. 02131-276708; 41539 Dormagen, Rathaus Galerie; 41747 Viersen, Hauptstr. 85, Tel. 02162-350449; 42103 Wuppertal-Elberfeld, Herzogstr. 28, Tel. 0202-441281; 42275 Wuppertal-Barmen, Alter Markt 7, Tel. 0202-551753; 42651 Solingen, Hauptstr. 28, Tel. 0212-204041; 42853 Remscheid, Alleestr. 30, Tel. 02191-420867; 44135 Dortmund, Lütge-Brück-Str. 12, Tel. 0231-578936; 44575 Castrop-Rauxel, EKZ Widumer Platz, Tel. 02305-27215; 44623 Herne, Bebelstr. 8, Tel. 02323-53021; 44787 Bochum, Kortumstr. 33, Tel. 0234-66123; 44791 Bochum, Ruhrpark Shopping Center, Tel. 0234-238516; 45127 Essen, City Center, Porsche Platz 21, Tel. 0201-221295; 45329 Essen-Altenessen, EKZ Altenessen, Altenessener Str. 411, Tel. 0201-333617; 45468 Mülheim, Forum City, Hans-Böckler-Platz 10, Tel. 0208-34907; 45472 Mülheim, Rhein-Ruhr-Zentrum, Tel. 0208-498192; 45657 Recklinghausen, Kunibertistr. 28, Tel. 02361-24194; 45768 Marl, EKZ Marler Stern, Obere Ladenstr. 68, Tel. 02365-56429; 45879 Gelsenkirchen, Klosterstr. 13, Tel. 0209-208963; 45894 Gelsenkirchen-Buer, Breddestr. 8, Tel. 0209-398889; 45964 Gladbeck, Hochstr. 29-31, Tel. 02043-21293; 46049 Oberhausen, Bero-Center 110, Tel. 0208-27065; 46236 Bottrop, Kirchplatz 4, Tel. 02041-684484; 46282 Dorsten, Recklinghäuserstr. 4, Tel. 02362-45748; 46397 Bocholt, Osterstr. 51, Tel. 02871-186024; 46483 Wesel, Hohe Str. 26; 46535 Dinslaken, Duisburger Str. 10, Tel. 02064-54557; 47051 Duisburg, Königstr. 42, Tel. 0203-339135; 47441 Moers, EKZ Neumarkt-Eck, Tel. 02841-23771; 47798 Krefeld, Neumarkt 2, Tel. 02151-22547; 48143 Münster, Alter Steinweg 39, Tel. 0251-42352; 48431 Rheine, Münsterstr. 6, Tel. 05971-13548; 49074 Osnabrück, Große Str. 84/85, Tel. 0541-201373; 50672 Köln, Bazaar de Cologne/Mittelstr. 12-14, Tel. 0221-256606; 50678 Köln, Severinstr. 53, Tel. 0221-3100018; 50823 Köln, Venloer Str. 336, Tel. 0221-5103342; 51373 Leverkusen, Hauptstr. 73, Tel. 0214-403131; 51643 Gummersbach, Wilhelmstr. 7, Tel. 02261-64784; 52062 Aachen, Rethelstr. 3, Tel. 0241-25254; 52062 Aachen, Adalbertstr. 110. Tel. 0241-20453; 52222 Stolberg, Steinweg 83-89; 52249 Eschweiler, Grabenstr. 66, Tel. 02403-15286; 52349 Düren, Josef-Schregel-Str. 48, Tel. 02421-10082; 53111 Bonn, Poststr. 4, Tel. 0228-636667; 53757 St. Augustin, HUMA EKZ/Rathausallee 16, Tel. 02241-27040; 53879 Euskirchen, Hochstr. 56, Tel. 02251-55521; 54290 Trier, Neustr. 66, Tel. 0651-48241; 55116 Mainz, Kirschgarten 4, Tel. 06131-228141; 56068 Koblenz, Löhrstr. 16-20, Tel. 0261-14925; 57072 Siegen, Marburger Str. 34, 0271-54540; 58095 Hagen, Elberfelder Str. 64, Tel. 02331-17438; 58452 Witten, Bahnhofstr. 38, Tel. 02302-275122; 58511 Lüdenscheid, EKZ Stern Center/Altenaer Str., Tel. 02351-22907; 58636 Iserlohn, Alter Rathausplatz 7, Tel. 02371-23296; 59065 Hamm, Bahnhofstr. 1c, Tel. 02381-20245; 59227 Ahlen, Oststr. 44; 59555 Lippstadt, Lippe-Galerie/Langestr., Tel. 02941-58332; 60311 Frankfurt, Kaiserstr. 11, Tel. 069-291481; 60439 Frankfurt, Nord-West-Zentrum, Tituscorso-Str. 2b, Tel. 069-584800; 63065 Offenbach, Herrnstr. 37, Tel. 069-825648; 63739 Aschaffenburg, City-Galerie, Goldbachstr. 9, Tel. 06021-12662; 64283 Darmstadt, Wilhelminenpassage, Tel. 06151-22078; 65183 Wiesbaden, Mauritius Galerie 2, Tel. 0611-378166; 66111 Saarbrücken, Dudweiler Str. 12, Tel. 0681-3908994; 66424 Homburg/Saar, Saarpfalz-Center, Talstr. 38a, Tel. 06841-5351; 67059 Ludwigshafen, Bismarckstr. 106, Tel. 0621-526664; 67547 Worms, Obermarkt 12, Tel. 06241-88462; 67655 Kaiserslautern, Pirmasenser Str. 8, Tel. 0631-696114; 68159 Mannheim, Kurpfalzpassage K1, Tel. 0621-154662; 69115 Heidelberg, Das Carée, Rohrbacherstr. 6-8d, Tel. 06221-166825; 70173 Stuttgart, Lautenschlagerstr. 3, Tel. 0711-291469; 71638 Ludwigsburg, Marstall-Center, Tel. 07141-902879; 72764 Reutlingen, Metzgerstr. 4, Tel. 07121-320415; 73733 Esslingen, Neckar Center, Weilstr. 227, Tel. 0711-386905; 74072 Heilbronn, Sülmerstr. 34, Tel. 07131-

962138; 76133 Karlsruhe, Kaiserstr. 170, Tel. 0721-24845; 76829 Landau, Rathausplatz 10, Tel. 06341-85818; 78224 Singen, Scheffelstr. 9, Tel. 07731-68642; 78532 Tuttlingen, Hecht Carré, Königstr. 2, Tel. 07461-76961; 79098 Freiburg, Oberlindenpassage, Tel. 0761-381213; 80331 München, Sendlingerstr./Asamhof, Tel. 089-264159; 80797 München-Schwabing, Schleißheimer Str. 100, Tel. 089-1238685; 83022 Rosenheim, Stadtcenter/Kufsteiner Str. 7, Tel. 08031-33536; 86150 Augsburg, Viktoriapassage, Bahnhofstr. 26-30, Tel. 0821-155482; 87435 Kempten, Bahnhofstr. 1, Tel. 0831-24503; 88212 Ravensburg, Eisenbahnstr. 8, Tel. 0751-14489; 89073 Ulm, Neue Str. 93, Tel. 0731-60909; 90402 Nürnberg, Grand Bazar/Karolinenstr. 45, Tel. 0911-232533; 90762 Fürth, City-Center/Alexander-Str. 11, Tel. 0911-773663; 91054 Erlangen, Hauptstr. 46, Tel. 0913-201043; 91126 Schwabach, Königstr. 2, Tel. 09122-16849; 92637 Weiden, Mooslohstr. 123, Tel. 0961-27710; 95028 Hof, Ludwigstr. 47, Tel. 09281-3641; 96052 Bamberg, EKZ Atrium, Ludwigstr. 2, Tel. 0951-202588; 97070 Würzburg, Kaiserstr. 16, Tel. 0931-15608; 99085 Erfurt, Thüringen Shopping Park.
* STELLA, 73066 Uhingen, Bleichereistr. 41, Tel. 07161-37321.
* STEPHAN, 59755 Arnsberg, Mendener Str. 14, Tel. 02932-25000.
* STERNTALER NATURLADEN, 42651 Solingen, Am Neumarkt 27, Tel. 0212-10332; 42929 Wermelskirchen, Kölner Str. 36, Tel. 02196-93982.
* SUNCOS, 61169 Friedberg, Kaiserstr. 113, Tel. 06031-62597.
SYLVI'S NATURLADEN, 47906 Kempen, Judenstr. 19, Tel. 02152-54590; 13595 Berlin, Pichelsdorferstr. 93, Tel. 030-3317878; 88489 Wain, Obere Dorfstr. 37, Tel. 07353-1465.
* DER UMWELTLADEN, 88427 Bad Schussenried, Keilbachstr. 7, Tel. 07583-4293 oder 4177.
Fa. URSULA SINGER, 86497 Horgau/Auerbach, Höhenweg 11, Tel. 08294-2358.
VITALIS-APOTHEKE, 59556 Lippstadt-Cappel, Beckumer Str. 214, Tel. 02941-78972.
* VON DER GATHEN BIOCOSMETIC, 40211 Düsseldorf, Am Wehrhan 24, Tel. 0211-1640355; 50672 Köln, Ehrenstr. 35, Tel. 0221-256636.
WASCHKÜCHE, Friedich-Ebert-Str. 70, 95213 Münchberg.
WINDRAD, 61119 Friedberg, Friedensstr. 35, Tel. 06172-969500.

In der Schweiz:
DORF-LÄDELI, CH-8863 Buttikon, Kantonsstr. 49, Tel. 0041-55-671854.
DROGERIE LEHNER, CH-3097 Liebefeld, Kirchstr. 15, Tel. 0041-31-9714612.
* INTERWEGA Handels AG, CH-8863 Buttikon, Postfach 125, Tel. 0041-55-671854.

In Österreich:
* CREATIV-COSMETIK, A-5026 Salzburg, Waldburgergasse 46A, Tel. 0043-662-434228.
NATUR PUR, A-1070 Wien, Kirchengasse 25-27; Tel. 0043-1-5262129.

Die mit * gekennzeichneten Firmen betreiben auch Versandhandel.
Einige Substanzen erhalten Sie auch in Reformhäusern, Drogerien, Apotheken, Bioläden und Lebensmittelläden. Vergleichen Sie die Preise!

Hinweis:
Autoren und Verlag bemühen sich, in diesem Verzeichnis nur Firmen zu nennen, die hinsichtlich der Substanzen und Preise zuverlässig und günstig sind. Trotzdem kann eine Gewährleistung von Autoren und Verlag nicht übernommen werden. Irgendwelche Formen von gesellschaftsrechtlicher Verbindung, Beteiligung und/oder Abhängigkeit zwischen Autoren und Verlag einerseits und den hier aufgeführten Firmen andererseits existieren nicht.

Weitere vgs-Bücher

Neue Aromatherapie

Ganzheitliche Heilmethoden finden heute immer mehr Anklang gegenüber den oft sehr einseitigen Methoden der klassischen Schulmedizin. Eine dieser sanfteren und umfassenderen Therapieformen ist die Aromatherapie.

In diesem Buch werden erstmals die einzelnen Bestandteile aller wichtigen ätherischen Öle aufgeführt und ihre jeweiligen Wirkungen auf den menschlichen Körper beschrieben. Dadurch werden Heilprozesse nachvollziehbar, Öle können gezielt angewendet werden. Anschaulich und übersichtlich erfährt der Leser außerdem alles Wesentliche über Anwendung, Qualitätsmerkmale und Auswahlkriterien ätherischer Öle. In den zahlreichen, von praktizierenden Ärzten erprobten Rezepten finden Sie die richtigen Mittel und angemessenen Behandlungsweisen z.B. für Brandwunden, Kopfschmerzen, Magen-Darm-Probleme oder eine schmerzhafte Blasenentzündung.

*

Das Hobbythek-Diätbuch

Die Deutschen essen zu fett, zu kalorienreich, zu viel Fleisch ... Wer kennt sie nicht, diese Warnungen der Ernährungswissenschaftler, und wer müßte sich nicht an die eigene Nase fassen, wenn es um die täglichen Eß- und Ernährungsgewohnheiten geht?

Dieses Hobbythekbuch zeigt die ernstzunehmenden gesundheitlichen Gefährdungen auf, die durch einseitige oder unausgewogene Ernährung entstehen können, im Kindes- wie im Erwachsenenalter, und weist dem Leser den Weg zu einem gesünderen Leben, ohne auf schmackhafte Gerichte verzichten zu müssen.

*